COLECCIÓN TIERRA FIRME

ANTOLOGÍA DE POESÍA Y PROSA DE

GABRIELA MISTRAL

ANTOLOGÍA DE POESÍA Y PROSA DE GABRIELA MISTRAL

COMPILACIÓN Y PRÓLOGO
JAIME QUEZADA

DIVISIÓN DE EXTENSIÓN CULTURAL
DEPARTAMENTO DE PROGRAMAS CULTURALES
MINISTERIO DE EDUCACIÓN

FONDO DE CULTURA ECONÓMICA
MÉXICO - ARGENTINA - BRASIL - COLOMBIA - CHILE
ESPAÑA-ESTADOS UNIDOS DE AMÉRICA -GUATEMALA-PERÚ-VENEZUELA

Primera edición, Chile, 1997

Registro de propiedad intelectual Nº 99.949
I.S.B.N.: 956-7083-66-5

Esta Antología forma parte del Proyecto "Gabriela Mistral a 50 años del Premio Nobel de Literatura", realizado en 1995
Jefa del Departamento de Programas Culturales y Coordinadora General del Proyecto: Luisa Ulibarri

Compilación y prólogo: Jaime Quezada
Coordinación editorial: Patricia Villanueva, Ana Chizzini
Diseño Gráfico: Patricio Andrade
Diagramación de texto: Juan Peña S.

Impreso en Chile

Índice general

Presentación

"He dicho y repito con muchísimo gusto/que este país debiera llamarse Lucila./En su defecto, que se llame Gabriela", declara Nicanor Parra.

Gabriela era una fuerza de la naturaleza.

Cuando en 1922, salió por primera vez de Chile, "probablemente no se imaginaba que jamás volvería a vivir en su patria", ha señalado el académico Santiago Daydí-Tolson. Cónsul Vitalicio "donde quiera que encontrara un clima para su poesía", Gabriela Mistral moría treinta y cinco años después en Nueva York, sin haber visitado su tierra más de dos veces.

En Chile sufrió demasiado, y su ausencia fue un gesto de duelo, una "necesidad incurable de distancia". Lejos, escribe su libro póstumo *Poema de Chile*, canción de un recorrido y un reconocimiento de su tierra, paisaje por paisaje, el que tuvo que adivinar. "Toda mi vida yo sentiré el remordimiento de no haber caminado Chile zancada a zancada...", dirá.

En sus regresos de desterrada, es recibida con la fanfarria de los fuegos artificiales y las melodías de las bandas de guerra: con niños vestidos de ángeles, nubes de serpentina y papel picado. Qué diferencia con la hostilidad que provocaba en su juventud, en los años en que su larga tristeza y su hosca estampa la hacían diferente. Había dicho: "escribí para no morirme".

Poesía y biografía se juntan en Gabriela. Son dos claves para descifrarla, para aproximarse a su corazón central hecho de palabras, y para entender que esta mujer "nada de tonta" recibiera el primer Nobel concedido a un latinoamericano hace 50 años. El 10 de diciembre de 1945, finalizada la Segunda Guerra Mundial, el mundo recibió la noticia que una mujer maestra de profesión y originaria del Sur de América del Sur, había recibido el Premio Nobel de Literatura: "Por su poesía lírica inspirada en poderosas emociones y que ha hecho de su nombre un símbolo de las aspiraciones idealistas de todo el mundo latinoamericano". De este modo la Academia buscó expresar su reconocimiento a la escritora que se proyectó universalmente, unida para siempre al estallido de la paz.

A los 106 años de su nacimiento y 50 del Nobel, Gabriela siguió siendo un enigma. El Departamento de Programas Culturales de la División de Extensión Cultural del Ministerio de Educación convocó, en octubre de 1995, a un programa de celebraciones y homenaje en torno a su figura, en múltiples lenguajes artísticos: desde la música a la plástica, pasando por el video y la reflexión crítica. Hubo una cantata interpretada por el conjunto Barroco Andino; una exposición "Sobre Árboles y Madres", con cinco destacadas artistas plásticas jóvenes, un video realizado —a petición de este Departamento— por Magali Meneses, un Coloquio de escritores y académicos realizado con la Universidad Católica de Chile.

A medio siglo de distancia también, y como parte de ese programa, publicamos esta Antología a cargo de Jaime Quezada, poeta e investigador y estudioso de la palabra de Mistral. Se trata de un conjunto mayor de poesía y prosa, que parte de su ordenamiento cronológico de la obra de Gabriela Mistral y abarca desde el tema amoroso al de la naturaleza, su visión de Chile, y sus preocupaciones sociales y religiosas. También, sus inolvidables canciones de cuna, sus "motivos" y "recados" y el reflejo de una vida de entrecruzados matices.

En este libro están representados todos sus libros. Además, es la primera antología publicada en Chile con los poemas mayores de Gabriela Mistral.

El Departamento de Programas Culturales de la División de Extensión Cultural del Ministerio de Educación, en unión con el Fondo de Cultura Económica, ofrece en esta edición su tributo a la escritora, y pretende facilitar los caminos de encuentro entre los lectores y aquellos textos menos difundidos de su obra. En este esfuerzo, pensamos salir de las fronteras y con nuestros hermanos mexicanos ampliar el universo de lectores a la gente de toda nuestra América.

Dedicada esencialmente a maestros y estudiantes, esta obra contiene una lectura abierta a todos, en virtud de la voluntad del antologador y de quienes elaboramos este ambicioso proyecto que ingresará a nuestro patrimonio nacional, para juntos reencontrarnos con la voz de nuestra inolvidable "loca de infinito".

LUISA ULIBARRI LORENZINI
Jefa Departamento
de Programas Culturales

Santiago de Chile, octubre 1996

ALGUNAS REFERENCIAS PROLOGALES
PARA ESTA ANTOLOGÍA

Tuve una palabra de yodo
y piedra-alumbre entre los labios
G.M.

I

Gabriela Mistral (1889-1957) representa en la literatura hispano-
americana, muy cabalmente, a una autora que no sólo escribió —en
sus no más de cinco libros de desolaciones y lagares— una poesía
cargada de intensidad y sentido humano, sino, y de manera princi-
pal, a una mujer chilena del siglo veinte que supo decir, en lengua
que jadea y gime, su pensamiento y su acción en los temas tutela-
res del poema o de la prosa. Lo suyo, y en lo suyo lo de los otros,
que hará de su escritura un acercamiento al prójimo y una ense-
ñanza cotidiana de vida.

Ella, que nace en un pequeño valle cordillerano elquino, que
se recorre desde muy temprano el territorio patrio en andanzas
educacionales, se irá luego por otros países y continentes en una
errancia o extranjería de vagabunda voluntaria. Será como quien
echa cuerpo y alma a rodar tierras, hablando con dejo de sus ma-
res bárbaros y con sólo su destino por almohada. Pero en todo
lugar será siempre fiel a sus preocupaciones y motivaciones: su
país natal de Chile, su América indígena, y los habitantes de ese
país y de esa América en sus geografías y sus costumbres, en sus
vidas y sus oficios. Y, por sobre todo, en sus maneras de rescatar lo
mal deletreado o lo mal averiguado.

Con razón, el Premio Nobel de Literatura (1945) le vendrá
"por su poesía lírica inspirada en poderosas emociones y que ha
hecho de su nombre un símbolo de las aspiraciones idealistas de
todo el mundo latinoamericano", como fundamentó la Academia
Sueca al otorgarle el universal galardón.

Las páginas de este volumen antológico reúnen una bien amplia selección de la poderosa poesía de Gabriela Mistral. Y, a su vez, una muestra de sus reveladores textos prosísticos. Que una y otra vertiente —poesía y prosa— conllevan los siempre vitales temas que tanto importaron a la autora: la vida, la escuela, lo religioso, lo social, lo indígena, la naturaleza, lo geográfico-chileno, la América toda. Temas básicos y centrales en cada uno de sus libros poemáticos y en sus recados o motivos tan singulares. A través de este permanente y cíclico tratamiento de su escritura, Gabriela Mistral es, sin duda, una de las fundadoras y recreadoras de la poesía chilena contemporánea: nombra, en lo íntimo y en lo plural de su obra, lo que no tenía nombre, sino en la oscura lengua de los pueblos.

II

La obra poética de Gabriela Mistral no parece extensa, aunque sí intensa. Ella misma reconocía sin recato alguno: "Mi pequeña obra es un poco chilena por la sobriedad y la rudeza". Es decir, piedra de rodado de cordillera, en su desafío y en su asombro. Sin embargo, esta "pequeña obra" conlleva una profunda valoración de los sentimientos espirituales y humanos, un amor por sus lugares natales, la tierra campesina y las riquezas vivas de los pueblos americanos. De ahí una poesía que va de lo legendario a lo mágico y a lo cósmico.

Paradojalmente casi toda la obra mistraliana se publica en el extranjero. En Nueva York se edita *Desolación* (1922), su primer libro, aun cuando son las atmósferas y los paisajes de la Patagonia —ese territorio chileno de australidad y lejanía— los que dan marco espiritual y geográfico a la obra toda. Desolaciones que se definen en este voto-oracional: "Dios me perdone este libro amargo y los hombres que sienten la vida como dulzura me lo perdonen también". Más que amargos, los poemas de este libro tienen el verso-balada íntimo y emotivo, muchas veces dialogante y conversacional, situaciones que darán huella y carácter a esta obra, en definitiva, amorosa. Así, la escuela y su magisterio de humanidad (*La maestra rural*); lo religioso, cristiano y casi litúrgico (*Al oído de Cristo, Viernes Santo*); el amor y el dolor en su romanticismo y celos y tragedia (*Balada, Interrogaciones, Sonetos de la muerte*), todo tiene su llamarada ardida de pasión y de fervor: existencia y vida.

Ternura (Madrid, 1924) constituye uno de los más hermosos y resueltos libros —librito, dicen algunos para marcar intenciones peyorativas— de Gabriela Mistral: jugarretas, cuenta-mundo, magias y maravillamientos. No se trata de una obra de niñerías, ni siquiera meramente pueril. Aquí están los sueños y las sorpresas, los miedos y los desvaríos, las albricias y los hallazgos: las ternuras humanas en el tratamiento de sus decires reales y poéticos, en el rescate y proyección de una infancia y en el afanoso acercamiento al mundo y a los hombres ("también los hombres necesitan una canción de cuna para que apacigüe su corazón", dice la autora). En estos poemas menudos (*Piececitos*), alucinados (*Miedo*), desmitificadores (*La casa, La tierra*) están las sencilleces y originalidades de una temática en constante y significativo desarrollo y, a su vez, la tipificación de una escritura atrayente y fermental. El característico verbo mistraliano (*aupar, repechar, voltear*) o el vivificador léxico valle elquino adentro (*agriura, sembradío, sollamadura*) sale a flote en muchos de estos poemas en un no descuidar aquella vieja y sabia tradición oral de antepasados elquinos. Historias y anécdotas que tienen su lenguaje, su ritmo y su tono conversacional en un saber contar y, a su vez, encantar.

Un hito, sin duda, en su obra poética y en la poesía chilena e hispanoamericana lo constituye *Tala* (Buenos Aires, 1938). Considerado, en su mundo y en su ser, uno de los libros fundamentales de Gabriela Mistral. Ella misma consideraba que era su verdadera obra, sobre todo porque en sus páginas está la raíz de lo indoamericano. Libro de los ánimos espirituales (*Ausencia, La fuga*) y las materias corporales (*Pan, Sal, Agua*); las ausencias, los nocturnos y las alucinaciones ("Amo las cosas que nunca tuve con las otras que ya no tengo"); los asuntos soberbios de una América precolombina, ritual y ceremoniosa (*Cordillera:* "madre yacente y madre que anda", *Sol del Trópico*) con sus himnos indios a los incas y a los mayas y todos los frutos (el santo maíz milenario y mágico) americanos.

Tala es, también, el libro de la fe, de la devota consumación del dolor, del descendimiento y la letanía. Verso certero y religioso ("despojado de mi propio Padre") que parece nuevo o como no visto, y que maravilla de gozo por su lengua cotidiana. Esa lengua cotidiana es la que va a intensificar una escritura única y novedosa, cargada de lo viejo y de lo nuevo que hay en sus temas: lo arcaico y lo criollo, las expresiones verbales y los neologismos, lo indígena y lo español. De ahí el verso mistraliano tan áspero, tan bíblico ("rebanado de Jerusalem"), tan sanguíneo: una limpieza, después de todo, tierna y primitiva en palabra recogedora de cuarenta panoramas.

Hacia los años finales de la vida de Gabriela Mistral se publica *Lagar* (Santiago, 1954). Libro escrito en su totalidad en un período empapado de atmósferas bélicas de una segunda guerra, cuando el mundo estallaba en llamas ("es amargo rezar oyendo el eco que un aire vano y un muro devuelven"). Libro, en consecuencia, ardiente y ansioso de búsqueda suprema. Símbolo y significante en la poesía mistraliana, con todo lo terrestre y lo religioso que tiene. Los lutos, las guerras, los vagabundajes, los desvelos de mujer piadosa —"locas mujeres", dirá ella—, en los temas de esta obra fervorosa y esencial, nostálgica y melancólica en sus adioses y despedidas. De alguna manera *Lagar* define y resume la obra poética de una Mistral, sólo que ahora desasida y despojada de la gracia y la agonía: "todo lo di, ya nada llevo". Libro abismante y abismado en su sobrecogedora grandeza de autenticidad.

Aunque de publicación póstuma, *Poema de Chile* (Barcelona, 1967) fue una obra de permanente motivación creadora de la maestra chilena. Poética y geográficamente, su desvelo de toda una vida: un viaje mítico e imaginario (pero real) por el Chile lejano y amado. La autora se hace acompañar aquí de un niño atacameño y diaguita, además de un huemulillo o ciervo chileno, en un recorrer el territorio patrio en su extensa y larga geografía: su naturaleza física y humana, sus valles y sus ríos, su cordillera andina y sus metales, su desierto y su mar, su flora y su fauna, sus archipiélagos australes y su verde Patagonia. Lo vivo y lo viviente del suelo natal en un redescubrir la entraña misma del largo país. Esta casi siempre inédita y novedosa obra viene a testimoniar, también, la verdadera y permanente relación que Gabriela Mistral tuvo con lo real y lo genuino, lo criollo y lo autóctono de la tierra chilena. Abundan en estos poemas, tan expresivos de forma y fondo, los chilenismos, las expresiones verbales originalísimas, las locuciones populares, los diminutivos y hasta las voces indígenas. Son, por cierto, sus decires en lengua de patria elquina, en americanidad de lo español y lo ecuménico. No sólo una intencionalidad de lenguaje y escritura evocadora y recreadora del suelo patrio ("un repasar dichosa el cordón de los recuerdos"), sino, además, un motivar en el chileno un acercamiento real y maravillador al territorio geográfico natal.

III

Si el proceso poético de Gabriela Mistral es, a través de cada uno de sus libros, siempre sorprendente y asombroso, no lo es menos su mismísima prosa, tan notable de escritura y tan reveladora en el tratamiento de sus temas. En sus textos prosísticos —llámense, con mejor propiedad, *recados* o *motivos*— la autora trata, con las emociones más puras y profundas, los asuntos que le dictaron seres y cosas, y que ella consideraba dignos de contárselos a sus semejantes. Contadora de patria y de mundo, después de todo. "Estos Recados —confesaba la autora de *Tala*— llevan el tono más mío, el más frecuente, mi dejo rural con el que he vivido y con el que me voy a morir".

La escritura prosística de nuestra Mistral nunca integró originalmente libro alguno de la autora, a no ser en dispersas y volanderas páginas de periódicos y revistas del continente latinoamericano. Sólo en estos últimos años esta magistral prosa se ha venido recogiendo y valorando por investigadores y estudiosos mistralianos. Nada fue ignorado en estos célebres textos: desde una estampa por el niño a una biografía de Francisco de Asís (el santo-hombre preferido de Gabriela Mistral, y en quien admiraba sus supremas pobrezas y humildades). O desde una página defensora de la Paz (la *palabra maldita* como la llama) a una recreación de los dioses y los mitos de las culturas americanas. Y todo en un hablar lo suyo más legítimo y entrañable y un saber nombrar donosamente con vivacidad y llaneza.

La propia Gabriela Mistral se definirá muchas veces como "una mujer de acérrima lengua americana en la tonada muy criolla que es mi escritura". Frase iluminadora para entender y comprender el tratamiento de su lenguaje muy suyo. Alfonso Reyes, el visionario y admirado escritor mexicano, destaca esta prosa mistraliana brotada de fuentes nativas, que parece continuar a la naturaleza, "y que por eso y otros motivos, a un tiempo artística y sencilla, hace pensar en Santa Teresa. Hasta el coloquio sale aquí consagrado; y como surge de una íntima necesidad, el modismo americano entra por su propio derecho en el torrente de la lengua, y la enriquece al modo que la enriquecieron los clásicos".

Lección de aprendizaje, entonces, en la obra de Gabriela Mistral, porque de cada tema —naturaleza, geografía, territorio— se desprende una enseñanza, una manera educadora de motivar espíritu y sentido, y siempre en un tratamiento de la palabra muy suya: descubridora y recreadora de los dones de la tierra. La literatura mistraliana —sea verso, sea prosa— enriquece una experiencia personal y humana, en su proyección de mundo. Y en su habla muy castiza de la América.

Jaime Quezada

Santiago de Chile, noviembre 1996.

POESÍA

I

Desolación

Desolación
Instituto de las Españas
New York, Estados Unidos
1922

LA MAESTRA RURAL

A Federico de Onís

La Maestra era pura. "Los suaves hortelanos",
decía, "de este predio, que es predio de Jesús,
han de conservar puros los ojos y las manos,
guardar claros sus óleos, para dar clara luz".

La Maestra era pobre. Su reino no es humano.
(Así en el doloroso sembrador de Israel).
Vestía sayas pardas, no enjoyaba su mano
¡y era todo su espíritu un inmenso joyel!

La Maestra era alegre. ¡Pobre mujer herida!
Su sonrisa fue un modo de llorar con bondad.
Por sobre la sandalia rota y enrojecida,
tal sonrisa, la insigne flor de su santidad.

¡Dulce ser! En su río de mieles, caudaloso,
largamente abrevaba sus tigres el dolor!
Los hierros que le abrieron el pecho generoso
¡más anchas le dejaron las cuencas del amor!

¡Oh, labriego, cuyo hijo de su labio aprendía
el himno y la plegaria, nunca viste el fulgor
del lucero cautivo que en sus carnes ardía:
pasaste sin besar su corazón en flor!

Campesina, ¿recuerdas que alguna vez prendiste
su nombre a un comentario brutal o baladí?
Cien veces la miraste, ninguna vez la viste
¡y en el solar de tu hijo, de ella hay más que de ti!

Pasó por él su fina, su delicada esteva,
abriendo surcos donde alojar perfección.
La albada de virtudes de que lento se nieva
es suya. Campesina, ¿no le pides perdón?

Daba sombra por una selva su encina hendida
el día en que la muerte la convidó a partir.
Pensando en que su madre la esperaba dormida,
a La de Ojos Profundos se dio sin resistir.

Y en su Dios se ha dormido, como en cojín de luna;
almohada de sus sienes, una constelación;
canta el Padre para ella sus canciones de cuna
¡y la paz llueve largo sobre su corazón!

Como un henchido vaso, traía el alma hecha
para volcar aljófares sobre la humanidad;
y era su vida humana la dilatada brecha
que suele abrirse el Padre para echar claridad.

Por eso aún el polvo de sus huesos sustenta
púrpura de rosales de violento llamear.
¡Y el cuidador de tumbas, como aroma, me cuenta,
las plantas del que huella sus huesos, al pasar!

MIS LIBROS

¡Libros, callados libros de las estanterías,
vivos en su silencio, ardientes en su calma;
libros, los que consuelan, terciopelos del alma,
y que siendo tan tristes nos hacen la alegría!

Mis manos en el día de afanes se rindieron;
pero al llegar la noche los buscaron, amantes,
en el hueco del muro donde como semblantes
me miran confortándome *aquellos que vivieron.*

¡Biblia, mi noble Biblia, panorama estupendo,
en donde se quedaron mis ojos largamente,
tienes sobre los *Salmos* las lavas más ardientes
y en su río de fuego mi corazón enciendo!

Sustentaste a mis gentes con tu robusto vino
y los erguiste recios en medio de los hombres,
y a mí me yergue de ímpetu sólo el decir tu nombre;
porque de ti yo vengo, he quebrado al Destino.

Después de ti, tan sólo me traspasó los huesos
con su ancho alarido, el sumo Florentino.
A su voz todavía como un junco me inclino;
por su rojez de infierno, fantástica, atravieso.

Y para refrescar en musgos con rocío
la boca, requemada en las llamas dantescas,
busqué las Florecillas de Asís, las siempre frescas
¡y en esas felpas dulces se quedó el pecho mío!

Yo vi a Francisco, a Aquel fino como las rosas,
pasar por su campiña más leve que un aliento,

besando el lirio abierto y el pecho purulento,
por besar al Señor que duerme entre las cosas.

¡Poema de Mistral, olor a surco abierto
que huele en las mañanas, yo te aspiré embriagada!
Vi a Mireya exprimir la fruta ensangrentada
del amor, y correr por el atroz desierto.

Te recuerdo también, deshecha de dulzuras,
verso de Amado Nervo, con pecho de paloma,
que me hiciste más suave la línea de la loma,
cuando yo te leía en mis mañanas puras.

Nobles libros antiguos, de hojas amarillentas,
sois labios no rendidos de endulzar a los tristes,
sois la vieja amargura que nuevo manto viste:
¡desde Job hasta Kempis la misma voz doliente!

Los que cual Cristo hicieron la Vía-Dolorosa,
apretaron el verso contra su roja herida,
y es lienzo de Verónica la estrofa dolorida;
¡todo libro es purpúreo como sangrienta rosa!

¡Os amo, os amo, bocas de los poetas idos,
que deshechas en polvo me seguía consolando,
y que al llegar la noche estáis conmigo hablando,
junto a la dulce lámpara, con dulzor de gemidos!

De la página abierta aparto la mirada
¡oh muertos! y mi ensueño va tejiendo los semblantes:
las pupilas febriles, los labios anhelantes
que lentos se deshacen en la tierra apretada.

Viernes Santo

El sol de Abril aún es ardiente y bueno
y el surco, de la espera, resplandece;
pero hoy no llenes l'ansia de su seno,
    porque Jesús padece.

No remuevas la tierra. Deja, mansa,
la mano en el arado; echa las mieses
cuando ya nos devuelvan la esperanza,
    que aún Jesús padece.

Ya sudó sangre bajo los olivos,
y oyó al que amaba, que negó tres veces.
Mas, rebelde de amor, tiene aún latidos,
    ¡aún padece!

Porque tú, labrador, siembras odiando,
y yo tengo rencor cuando anochece,
y un niño va como un hombre llorando,
    Jesús padece.

Está sobre el madero todavía
y sed tremenda el labio le estremece.
¡Odio mi pan, mi estrofa y mi alegría,
    porque Jesús padece!

NOCTURNO

Padre Nuestro que estás en los cielos
¡por qué te has olvidado de mí!
Te acordaste del fruto en Febrero,
al llagarse su pulpa rubí.
¡Llevo abierto también mi costado,
y no quieres mirar hacia mí!

Te acordaste del negro racimo,
y lo diste al lagar carmesí;
y aventaste las hojas del álamo,
con tu aliento, en el aire sutil.
¡Y en el ancho lagar de la muerte
aun no quieres mi pecho oprimir!

Caminando vi abrir las violetas;
el falerno del viento bebí,
y he bajado, amarillos, mis párpados,
por no ver más Enero ni Abril.

Y he apretado la boca, anegada
de la estrofa que no he de exprimir.
¡Has herido la nube de Otoño
y no quieres volverte hacia mí!

Me vendió el que besó mi mejilla;
me negó por la túnica ruin.
Yo en mis versos el rostro con sangre,
como Tú sobre el paño, le di.
Y en mi noche del Huerto, me han sido
Juan cobarde y el Ángel hostil.

Ha venido el cansancio infinito
a clavarse en mis ojos, al fin:

el cansancio del día que muere
y el del alba que debe venir;
¡el cansancio del cielo de estaño
y el cansancio del cielo de añil!

Ahora suelto la mártir sandalia
y las trenzas pidiendo dormir.
Y perdida en la noche, levanto
el clamor aprendido de Ti:
¡Padre Nuestro que estás en los cielos,
por qué te has olvidado de mí!

AL OÍDO DE CRISTO

I

Cristo, el de las carnes en gajos abiertas;
Cristo, el de las venas vaciadas en ríos:
estas pobres gentes del siglo están muertas
de una laxitud, de un miedo, de un frío!

A la cabecera de sus lechos eres,
si te tienen, forma demasiado cruenta,
sin esas blanduras que aman las mujeres,
y con esas marcas de vida violenta.

No te escupirían por creerte loco,
no fueran capaces de amarte tampoco
así, con sus ímpetus laxos y marchitos.

Porque como Lázaro *ya hieden, ya hieden*,
por no disgregarse, mejor no se mueven.
¡Ni el amor ni el odio les arrancan gritos!

II

Aman la elegancia de gesto y color,
y en la crispadura tuya del madero,
en tu sudar sangre, tu último temblor
y el resplandor cárdeno del Calvario entero,

les parece que hay exageración
y plebeyo gusto; el que Tú lloraras
y tuvieras sed y tribulación,
no cuaja en sus ojos dos lágrimas claras.

Tienen ojo opaco de infecunda yesca,

sin virtud de llanto, que limpia y refresca;
tienen una boca de suelto botón

mojada en lascivia, ni firme ni roja;
¡y como de fines de otoño, así, floja
e impura, la poma de su corazón!

III

¡Oh Cristo! un dolor les vuelva a hacer viva
l'alma que les diste y que se ha dormido,
que se la devuelva honda y sensitiva,
casa de amargura, pasión y alarido.

¡Garfios, hierros, zarpas, que sus carnes hiendan
tal como se hienden quemadas gavillas;
llamas que a su gajo caduco se prendan,
llamas de suplicio: argollas, cuchillas!

¡Llanto, llanto de calientes raudales
renueve los ojos de turbios cristales
y les vuelva el viejo fuego del mirar!

¡Retóñalos desde las entrañas, Cristo!
Si ya es imposible, si Tú bien lo has visto,
si son paja de eras, ¡desciende a aventar!

ÉXTASIS

Ahora, Cristo, bájame los párpados,
pon en la boca escarcha,
que están de sobra ya todas las horas
y fueron dichas todas las palabras.

Me miró, nos miramos en silencio
mucho tiempo, clavadas,
como en la muerte, las pupilas. Todo
el estupor que blanquea las caras
en la agonía, albeaba nuestros rostros.
¡Tras de ese instante, ya no resta nada!

Me habló convulsamente;
le hablé, rotas, cortadas
de plenitud, tribulación y angustia,
las confusas palabras.
Le hablé de su destino y mi destino,
amasijo fatal de sangre y lágrimas.

Después de esto ¡lo sé! no queda nada.
¡Nada! Ningún perfume que no sea
diluido al rodar sobre mi cara.

Mi oído está cerrado,
mi boca está sellada.
¡Qué va a tener razón de ser ahora
para mis ojos en la tierra pálida!
¡ni las rosas sangrientas
ni las nieves calladas!

Por eso es que te pido,
Cristo, al que no clamé de hambre angustiada:

¡ahora, para mis pulsos,
y mis párpados baja!

Defiéndeme del viento
la carne en que rodaron sus palabras;
líbrame de la luz brutal del día
que ya viene, esta imagen.
Recíbeme, voy plena,
¡tan plena voy como tierra inundada!

BALADA

Él pasó con otra;
yo le vi pasar.
Siempre dulce el viento
y el camino en paz.
¡Y estos ojos míseros
le vieron pasar!

Él va amando a otra
por la tierra en flor.
Ha abierto el espino;
pasa una canción.
¡Y él va amando a otra
por la tierra en flor!

Él besó a la otra
a orillas del mar;
resbaló en las olas
la luna de azahar.
¡Y no untó mi sangre
la extensión del mar!

Él irá con otra
por la eternidad.
Habrá cielos dulces.
(Dios quiere callar).
¡Y él irá con otra
por la eternidad!

EL ENCUENTRO

Le he encontrado en el sendero.
No turbó su sueño el agua
ni se abrieron más las rosas;
pero abrió el asombro mi alma.
¡Y una pobre mujer tiene
su cara llena de lágrimas!

Llevaba un canto ligero
en la boca descuidada,
y al mirarme se le ha vuelto
hondo el canto que entonaba.
Miré la senda, la hallé
extraña y como soñada.
¡Y en el alba de diamante
tuve mi cara con lágrimas!

Siguió su marcha cantando
y se llevó mis miradas.
Detrás de él no fueron más
azules y altas las salvias.
¡No importa! Quedó en el aire
estremecida mi alma.
¡Y aunque ninguno me ha herido
tengo la cara con lágrimas!

Esta noche no ha velado
como yo junto a la lámpara;
como él ignora, no punza
su pecho de nardo mi ansia;
pero tal vez por su sueño
pase un dolor de retamas.
¡Porque una pobre mujer
tiene su cara con lágrimas!

Iba sola y no temía;
con hambre y sed no lloraba;
desde que lo vi cruzar,
mi Dios me vistió de llagas.
Mi madre en su lecho reza
por mí su oración confiada.
¡Pero yo tal vez por siempre
tendré mi cara con lágrimas!

DIOS LO QUIERE

I

La tierra se hace madrastra
si tu alma vende a mi alma.
Llevan un escalofrío
de tribulación las aguas.
El mundo fue más hermoso
desde que me hiciste aliada,
cuando junto de un espino
nos quedamos sin palabras,
¡y el amor como el espino
nos traspasó de fragancia!

Pero te va a brotar víboras
la tierra si vendes mi alma;
baldías del hijo, rompo
mis rodillas desoladas.
Se apaga Cristo en mi pecho
¡y la puerta de mi casa
quiebra la mano al mendigo
y avienta a la atribulada!

II

Beso que tu boca entregue
a mis oídos alcanza,
porque las grutas profundas
me devuelven tus palabras.
El polvo de los senderos
guarda el olor de tus plantas
y oteándolas como un ciervo,
te sigo por las montañas.

A la que tú ames, las nubes
la pintan sobre mi casa.
Ve cual ladrón a besarla
de la tierra en las entrañas,
que, cuando el rostro le alces,
hallas mi cara con lágrimas.

III

Dios no quiere que tú tengas
sol si conmigo no marchas;
Dios no quiere que tú bebas
si yo no tiemblo en tu agua;
no consiente que tú duermas
sino en mi trenza ahuecada.

IV

Si te vas, hasta en los musgos
del camino rompes mi alma;
te muerden la sed y el hambre
en todo monte o llanada
y en cualquier país las tardes
con sangre serán mis llagas.
Y destilo de tu lengua
aunque a otra mujer llamaras,
y me clavo como un dejo
de salmuera en tu garganta;
y odies, o cantes, o ansíes,
¡por mí solamente clamas!

V

Si te vas y mueres lejos,
tendrás la mano ahuecada
diez años bajo la tierra

para recibir mis lágrimas,
sintiendo cómo te tiemblan
las carnes atribuladas,
¡hasta que te espolvoreen
mis huesos sobre la cara!

DESVELADA

Como soy reina y fui mendiga, ahora
vivo en puro temblor de que me dejes,
y te pregunto, pálida, a cada hora:
"¿Estás conmigo aún? ¡Ay, no te alejes!"

Quisiera hacer las marchas sonriendo
y confiando ahora que has venido;
pero hasta en el dormir estoy temiendo
y pregunto entre sueños: —"¿No te has ido?"

VERGÜENZA

Si tú me miras, yo me vuelvo hermosa
como la hierba a que bajó el rocío,
y desconocerán mi faz gloriosa
las altas cañas cuando baje al río.

Tengo vergüenza de mi boca triste,
de mi voz rota y mis rodillas rudas.
Ahora que me miraste y que viniste,
me encontré pobre y me palpé desnuda.

Ninguna piedra en el camino hallaste
más desnuda de luz en la alborada
que esta mujer a la que levantaste,
porque oíste su canto, la mirada.

Yo callaré para que no conozcan
mi dicha los que pasan por el llano,
en el fulgor que da a mi frente tosca
y en la tremolación que hay en mi mano.

Es noche y baja a la hierba el rocío;
mírame largo y habla con ternura,
¡que ya mañana al descender al río
la que besaste llevará hermosura!

LOS SONETOS DE LA MUERTE

I

Del nicho helado en que los hombres te pusieron,
te bajaré a la tierra humilde y soleada.
Que he de dormirme en ella los hombres no supieron,
y que hemos de soñar sobre la misma almohada.

Te acostaré en la tierra soleada con una
dulcedumbre de madre para el hijo dormido,
y la tierra ha de hacerse suavidades de cuna
al recibir tu cuerpo de niño dolorido.

Luego iré espolvoreando tierra y polvo de rosas,
y en la azulada y leve polvareda de luna,
los despojos livianos irán quedando presos.

Me alejaré cantando mis venganzas hermosas,
¡porque a ese hondor recóndito la mano de ninguna
bajará a disputarme tu puñado de huesos!

II

Este largo cansancio se hará mayor un día,
y el alma dirá al cuerpo que no quiere seguir
arrastrando su masa por la rosada vía,
por donde van los hombres, contentos de vivir.

Sentirás que a tu lado cavan briosamente,
que otra dormida llega a la quieta ciudad.
Esperaré que me hayan cubierto totalmente,
¡y después hablaremos por una eternidad!

Sólo entonces sabrás el por qué, no madura
para las hondas huesas tu carne todavía,
tuviste que bajar, sin fatiga, a dormir.

Se hará luz en la zona de los sinos, oscura;
sabrás que en nuestra alianza signos de astros había
y, roto el pacto enorme, tenías que morir.

III

Malas manos tomaron tu vida desde el día
en que, a una señal de astros, dejara su plantel
nevado de azucenas. En gozo florecía.
Malas manos entraron trágicamente en él.

Y yo dije al Señor: —"Por las sendas mortales
le llevan. ¡Sombra amada que no saben guiar!
¡Arráncalo, Señor, a esas manos fatales
o le hundes en el largo sueño que sabes dar!

¡No le puedo gritar, no le puedo seguir!
Su barca empuja un negro viento de tempestad.
Retórnalo a mis brazos o le siegas en flor".

Se detuvo la barca rosa de su vivir.
¿Que no sé del amor, que no tuve piedad?
¡Tú, que vas a juzgarme, lo comprendes, Señor!

INTERROGACIONES

¿Cómo quedan, Señor, durmiendo los suicidas?
¿Un cuajo entre la boca, las dos sienes vaciadas,
las lunas de los ojos albas y engrandecidas,
hacia un ancla invisible las manos orientadas?

¿O Tú llegas después que los hombres se han ido,
y les bajas el párpado sobre el ojo cegado,
acomodas las vísceras sin dolor y sin ruido
y entrecruzas las manos sobre el pecho callado?

El rosal que los vivos riegan sobre su huesa
¿no le pinta a sus rosas unas formas de heridas?
¿no tiene acre el olor, siniestra la belleza
y las frondas menguadas de serpientes tejidas?

Y responde, Señor: cuando se fuga el alma,
por la mojada puerta de las largas heridas,
¿entra en la zona tuya hendiendo el aire en calma
o se oye un crepitar de alas enloquecidas?

¿Agosto cerco lívido se aprieta en torno suyo?
¿El éter es un campo de monstruos florecido?
¿En el pavor no aciertan ni con el nombre tuyo?
¿O lo gritan, y sigue tu corazón dormido?

¿No hay un rayo de sol que los alcance un día?
¿No hay agua que los lave de sus estigmas rojos?
¿Para ellos solamente queda tu entraña fría,
sordo tu oído fino y apretados tus ojos?

Tal el hombre asegura, por error o malicia;
mas yo, que te he gustado, como un vino, Señor,

mientras los otros siguen llamándote Justicia,
no te llamaré nunca otra cosa que Amor!

Yo sé que como el hombre fue siempre zarpa dura;
la catarata, vértigo; aspereza, la sierra,
Tú eres el vaso donde se esponjan de dulzura
los nectarios de todos los huertos de la Tierra!

TRIBULACIÓN

En esta hora, amarga como un sorbo de mares,
        Tú sosténme, Señor.
¡Todo se me ha llenado de sombras el camino
        y el grito de pavor!
Amor iba en el viento como abeja de fuego,
        y en las aguas ardía.
Me socarró la boca, me acibaró la trova,
        y me aventó los días.

Tú viste que dormía al margen del sendero,
        la frente de paz llena;
Tú viste que vinieron a tocar los cristales
        de mi fuente serena.
Sabes cómo la triste temía abrir el párpado
        a la visión terrible;
¡y sabes de qué modo maravilloso hacíase
        el prodigio indecible!

Ahora que llego, huérfana, tu zona por señales
        confusas rastreando,
Tú no esquives el rostro, Tú no apagues la lámpara,
        ¡Tú no sigas callando!
Tú no cierres la tienda, que crece la fatiga
        y aumenta la amargura;
y es invierno, y hay nieve, y la noche se puebla
        de muecas de locura.

¡Mira! De cuantos ojos veía abiertos sobre
        mis sendas tempraneras,
sólo los tuyos quedan. Pero se van llenando
        de un cuajo de neveras.

El vaso

Yo sueño con un vaso de humilde y simple arcilla,
que guarde tus cenizas cerca de mis miradas;
y la pared del vaso te será mi mejilla,
y quedarán mi alma y tu alma apaciguadas.

No quiero espolvorearlas en vaso de oro ardiente,
ni en la ánfora pagana que lo carnal ensaya:
sólo un vaso de arcilla te ciña simplemente,
humildemente, como un pliegue de mi saya.

En una tarde de éstas recogeré la arcilla
por el río, y lo haré con pulso tembloroso.
Pasarán las mujeres cargadas de gavillas,
y no sabrán que amaso el lecho de un esposo.

El puñado de polvo, que cabe entre mis maños,
se verterá sin ruido, como una hebra de llanto.
¡Yo sellaré este vaso con beso sobrehumano,
y una mirada inmensa será tu solo manto!

EL RUEGO

Señor, tú sabes cómo, con encendido brío,
por los seres extraños mi palabra te invoca.
Vengo ahora a pedirte por uno que era mío,
mi vaso de frescura, el panal de mi boca.

Cal de mis huesos, dulce razón de la jornada,
gorjeo de mi oído, ceñidor de mi veste.
Me cuido hasta de aquellos en que no puse nada;
¡no tengas ojo torvo si te pido por éste!

Te digo que era bueno, te digo que tenía
el corazón entero a flor de pecho, que era
suave de índole, franco como la luz del día,
henchido de milagro como la primavera.

Me replicas, severo, que es de plegaria indigno
el que no untó de preces sus dos labios febriles,
y se fue aquella tarde sin esperar tu signo,
trizándose las sienes como vasos sutiles.

Pero yo, mi Señor, te arguyo que he tocado,
de la misma manera que el nardo de su frente,
todo su corazón dulce y atormentado
¡y tenía la seda del capullo naciente!

¿Que fue cruel? Olvidas, Señor, que le quería,
y él sabía suya la entraña que llagaba.
¿Que enturbió para siempre mis linfas de alegría?
¡No importa! Tú comprende: ¡yo le amaba, le amaba!

Y amar (bien sabes de eso) es amargo ejercicio;
un mantener los párpados de lágrimas mojados,

un refrescar de besos las trenzas del cilicio
conservando, bajo ellas, los ojos extasiados.

El hierro que taladra tiene un gustoso frío,
cuando abre, cual gavillas, las carnes amorosas.
Y la cruz (Tú te acuerdas ¡oh Rey de los judíos!)
se lleva con blandura, como un gajo de rosas.

Aquí me estoy, Señor, con la cara caída
sobre el polvo, parlándote un crepúsculo entero,
o todos los crepúsculos a que alcance la vida,
si tardas en decirme la palabra que espero.

Fatigaré tu oído de preces y sollozos
lamiendo, lebrel tímido, los bordes de tu manto,
y ni pueden huirme tus ojos amorosos
ni esquivar tu pie el riego caliente de mi llanto.

¡Di el perdón, dilo al fin! Va a esparcir en el viento
la palabra del perfume de cien pomos de olores
al vaciarse; toda agua será deslumbramiento;
el yermo echará flor y el guijarro esplendores.

Se mojarán los ojos oscuros de las fieras,
y, comprendiendo, el monte que de piedra forjaste
llorará por los párpados blancos de sus neveras:
¡toda la tierra tuya sabrá que perdonaste!

POEMA DEL HIJO

I

¡Un hijo, un hijo, un hijo! Yo quise un hijo tuyo
y mío, allá en los días del éxtasis ardiente,
en los que hasta mis huesos temblaron de tu arrullo
y un ancho resplandor creció sobre mi frente.

Decía: "¡un hijo!", como el árbol conmovido
de primavera alarga sus yemas hacia el cielo.
¡Un hijo con los ojos de Cristo engrandecidos,
la frente de estupor y los labios de anhelo!

Sus brazos en guirnalda a mi cuello trenzados;
el río de mi vida bajando a él, fecundo,
y mis entrañas como perfume derramado
ungiendo con su marcha las colinas del mundo.

Al cruzar una madre grávida, la miramos
con los labios convulsos y los ojos de ruego,
cuando en las multitudes con nuestro amor pasamos.
¡Y un niño de ojos dulces nos dejó como ciegos!

En las noches, insomne de dicha y de visiones,
la lujuria de fuego no descendió a mi lecho.
Para el que nacería vestido de canciones
yo extendía mi brazo, yo ahuecaba mi pecho.

El sol no parecíame, para bañarlo, intenso;
mirándome, yo odiaba, por toscas, mis rodillas,
mi corazón, confuso, temblaba al don inmenso;
¡y un llanto de humildad regaba mis mejillas!

Y no temí a la muerte, disgregadora impura;
los ojos de él libraran los tuyos de la nada,

y a la mañana espléndida o a la luz insegura
yo hubiera caminado bajo de esa mirada.

II

Ahora tengo treinta años, y mis sienes jaspea
la ceniza precoz de la muerte. En mis días,
como la lluvia eterna de los Polos, gotea
la amargura con lágrima lenta, salobre y fría.

Mientras arde la llama del pino, sosegada,
mirando a mis entrañas pienso qué hubiera sido
un hijo mío, infante con mi boca cansada,
mi amargo corazón y mi voz de vencido.

Y con tu corazón, el fruto de veneno,
y tus labios que hubieran otra vez renegado.
Cuarenta lunas él no durmiera en mi seno,
que sólo por ser tuyo me hubiese abandonado.

Y en qué huertas en flor, junto a qué aguas corrientes
lavara, en primavera, su sangre de mi pena,
si fui triste en las landas y en las tierras clementes,
y en toda tarde mística hablaría en sus venas.

Y el horror de que un día con la boca quemante
de rencor, me dijera lo que dije a mi padre:
"¿Por qué ha sido fecunda tu carne sollozante
y se hinchieron de néctar los pechos de mi madre?".

Siento el amargo goce de que duermas abajo
en tu lecho de tierra, y un hijo no meciera
mi mano, por dormir yo también sin trabajos
y sin remordimientos, bajo una zarza fiera.

Porque yo no cerrara los párpados, y loca
escuchase a través de la muerte, y me hincara,
deshechas las rodillas, retorcida la boca,
si lo viera pasar con mi fiebre en su cara.

Y la tregua de Dios a mí no descendiera:
en la carne inocente me hirieran los malvados,
y por la eternidad mis venas exprimieran
sobre mis hijos de ojos y de frente extasiados.

¡Bendito pecho mío en que a mis gentes hundo
y bendito mi vientre en que mi raza muere!
La cara de mi madre ya no irá por el mundo
ni su voz sobre el viento, trocada en *miserere*!

La selva hecha cenizas retoñará cien veces
y caerá cien veces, bajo el hacha, madura.
Caeré para no alzarme en el mes de las mieses;
conmigo entran los míos a la noche que dura.

Y como si pagara la deuda de una raza,
taladran los dolores mi pecho cual colmena.
Vivo una vida entera en cada hora que pasa;
como el río hacia el mar, van amargas mis venas.

Mis pobres muertos miran el sol y los ponientes,
con un ansia tremenda, porque ya en mí se ciegan.
Se me cansan los labios de las preces fervientes
que antes que yo enmudezca por mi canción entregan.

No sembré por mi troje, no enseñé para hacerme
un brazo con amor para la hora postrera,
cuando mi cuello roto no pueda sostenerme
y mi mano tantee la sábana ligera.

Apacenté los hijos ajenos, colmé el troje
con los trigos divinos, y sólo de Ti espero
¡Padre Nuestro que estás en los cielos: recoge
mi cabeza mendiga, si en esta noche muero!

AMO AMOR

Anda libre en el surco, bate el ala en el viento,
late vivo en el sol y se prende al pinar.
No te vale olvidarlo como al mal pensamiento:
          ¡le tendrás que escuchar!

Habla lengua de bronce habla lengua de ave,
ruegos tímidos, imperativos de mar.
No te vale ponerle gesto audaz, ceño grave:
          ¡lo tendrás que hospedar!

Gasta trazas de dueño; no le ablandan excusas.
Rasga vasos de flor, hiende el hondo glaciar.
No te vale el decirle que albergarlo rehúsas:
          ¡lo tendrás que hospedar!

Tiene argucias sutiles en la réplica fina,
argumentos de sabios, pero en voz de mujer.
Ciencia humana te salva, menos ciencia divina:
          ¡le tendrás que creer!

Te hecha venda de lino; tú la venda toleras.
Te ofrece el brazo cálido, no le sabes huir.
Echa a andar, tú le sigues hechizada aunque vieras
          ¡que eso para en morir!

EL AMOR QUE CALLA

Si yo te odiara, mi odio te daría
en las palabras, rotundo y seguro;
¡pero te amo y mi amor no se confía
a este hablar de los hombres, tan oscuro!

Tú lo quisieras vuelto un alarido,
y viene de tan hondo que ha deshecho
su quemante raudal, desfallecido,
antes de la garganta, antes del pecho.

Estoy lo mismo que estanque colmado
y te parezco un surtidor inerte.
¡Todo por mi callar atribulado
que es más feroz que el entrar en la muerte!

PALABRAS SERENAS

Ya en la mitad de mis días espigo
esta verdad con frescura de flor:
la vida es oro y dulzura de trigo,
es breve el odio e inmenso el amor.

Mudemos ya por el verso sonriente
aquel listado de sangre con hiel.
Abren violetas divinas, y el viento
desprende al valle un aliento de miel.

Ahora no sólo comprendo al que reza;
ahora comprendo al que rompe a cantar.
La sed es larga, la cuesta es aviesa;
pero en un lirio se enreda el mirar.

Grávidos van nuestros ojos de llanto
y un arroyuelo nos hace sonreír;
por una alondra que erige su canto
nos olvidamos que es duro morir.

No hay nada ya que mis carnes taladre.
Con el amor acabóse el hervir.
Aún me apacienta el mirar de mi madre.
¡Siento que Dios me va haciendo dormir!

CIMA

La hora de la tarde, la que pone
su sangre en las montañas.

Alguien en esta hora está sufriendo;
una pierde, angustiada,
en este atardecer el solo pecho
contra el cual estrechaba.

Hay algún corazón en donde moja
la tarde aquella cima ensangrentada.

El valle ya está en sombra
y se llena de calma.
Pero mira de lo hondo que se enciende
de rojez la montaña.

Yo me pongo a cantar siempre a esta hora
mi invariable canción atribulada.

¿Seré yo la que baño
la cumbre de escarlata?

Llevo a mi corazón la mano, y siento
que mi costado mana.

Paisajes de la Patagonia

I. Desolación

La bruma espesa, eterna, para que olvide dónde
me ha arrojado la mar en su ola de salmuera.
La tierra a la que vine no tiene primavera:
tiene su noche larga que cual madre me esconde.

El viento hace a mi casa su ronda de sollozos
y de alarido, y quiebra, como un cristal, mi grito.
Y en la llanura blanca, de horizonte infinito,
miro morir inmensos ocasos dolorosos.

¿A quién podrá llamar la que hasta aquí ha venido
si más lejos que ella sólo fueron los muertos?
¡Tan sólo ellos contemplan un mar callado y yerto
crecer entre sus brazos y los brazos queridos!

Los barcos cuyas velas blanquean en el puerto
vienen de tierras donde no están los que son míos;
sus hombres de ojos claros no conocen mis ríos
y traen frutos pálidos, sin la luz de mis huertos.

Y la interrogación que sube a mi garganta
al mirarlos pasar, me desciende, vencida:
hablan extrañas lenguas y no la conmovida
lengua que en tierras de oro mi vieja madre canta.

Miro bajar la nieve como el polvo en la huesa;
miro crecer la niebla como el agonizante,
y por no enloquecer no cuento los instantes,
porque la noche larga ahora tan sólo empieza.

Miro el llano extasiado y recojo su duelo,
que vine para ver los paisajes mortales.

La nieve es el semblante que asoma a mis cristales;
¡siempre será su albura bajando de los cielos!

Siempre ella, silenciosa, como la gran mirada
de Dios sobre mí; siempre su azahar sobre mi casa;
siempre, como el destino que ni mengua ni pasa,
descenderá a cubrirme, terrible y extasiada.

II. ÁRBOL MUERTO

En el medio del llano,
un árbol seco su blasfemia alarga;
un árbol blanco, roto
y mordido de llagas,
en el que el viento, vuelto
mi desesperación, aúlla y pasa.

De su bosque, el que ardió, sólo dejaron
de escarnio, su fantasma.
Una llama alcanzó hasta su costado
y lo lamió, como el amor mi alma.
¡Y sube de la herida un purpurino
musgo, como una estrofa ensangrentada!

Los que amó, y que ceñían
a su torno en Septiembre una guirnalda,
cayeron. Sus raíces
los buscan, torturadas,
tanteando por el césped
con una angustia humana.

Le dan los plenilunios en el llano
sus más mortales platas,
y alargan, porque mida su amargura,
hasta lejos su sombra desolada.

¡Y él le da al pasajero
su atroz blasfemia y su visión amarga!

II

Ternura

TERNURA
Editorial Saturnino Calleja
Madrid, España
1924

LA PAJITA

Esta que era una niña de cera;
pero no era una niña de cera,
era una gavilla parada en la era.
Pero no era una gavilla
sino la flor tiesa de la maravilla.
Tampoco era la flor sino que era
un rayito de sol pegado a la vidriera.
No era un rayito de sol siquiera:
una pajita dentro de mis ojitos era.

¡Alléguense a mirar cómo he perdido entera
en este lagrimón, mi fiesta verdadera!

LA MANCA

Que mi dedito lo cogió una almeja,
y que la almeja se cayó en la arena,
y que la arena se la tragó el mar.
Y que del mar la pescó un ballenero
y el ballenero llegó a Gibraltar;
y que en Gibraltar cantan pescadores:
—"Novedad de tierra sacamos del mar,
novedad de un dedito de niña.
¡La que esté manca lo venga a buscar!"

Que me den un barco para ir a traerlo,
y para el barco me den capitán,
para el capitán que me den soldada,
y que por soldada pide la ciudad:
Marsella con torres y plazas y barcos
de todo el mundo la mejor ciudad,
que no será hermosa con una niñita
a la que robó su dedito el mar,
y los balleneros en pregones cantan
y están esperando sobre Gibraltar.

La rata

Una rata corrió a un venado
y los venados al jaguar,
y los jaguares a los búfalos,
y los búfalos a la mar.

¡Pillen, pillen a los que se van!
¡Pillen a la rata, pillen al venado,
pillen a los búfalos y a la mar!

Miren que la rata de la delantera
se lleva en las patas lana de bordar,
y con la lana bordo mi vestido
y con el vestido me voy a casar.

Suban y pasen la llanada,
corran sin aliento, sigan sin parar,
vuelen por la novia, y por el cortejo,
y por la carroza y el velo nupcial.

EL PAPAGAYO

El papagayo verde y amarillo,
el papagayo verde y azafrán,
me dijo "fea" con su habla gangosa
y con su pico que es de Satanás.

Yo no soy fea, que si fuese fea,
fea es mi madre parecida al sol,
fea la luz en que mira mi madre
y feo el viento en que pone su voz,
y fea el agua en que cae su cuerpo
y feo el mundo y El que lo crió.

El papagayo verde y amarillo
el papagayo verde y tornasol,
me dijo "fea" porque no ha comido
y el pan con vino se lo llevo yo,
que ya me voy cansando de mirarlo
siempre colgado y siempre tornasol.

EL PAVO REAL

Que sopló el viento y se llevó las nubes
y que en las nubes iba un pavo real,
que el pavo real era para mi mano
y que la mano se me va a secar,
y que la mano la di esta mañana
al rey que vino para desposar.

¡Ay que el cielo, ay que el viento, y la nube
que se van con el pavo real!

DAME LA MANO

Dame la mano y danzaremos;
dame la mano y me amarás.
Como una sola flor seremos,
como una flor, y nada más.

El mismo verso cantaremos,
al mismo paso bailarás.
Como una espiga ondularemos,
como una espiga, y nada más.

Te llamas Rosa y yo Esperanza;
pero tu nombre olvidarás,
porque seremos una danza
en la colina, y nada más.

¿EN DÓNDE TEJEMOS LA RONDA?

¿En dónde tejemos la ronda?
¿La haremos a orillas del mar?
El mar danzará con mil olas
haciendo una trenza de azahar.

¿La haremos al pie de los montes?
El monte nos va a contestar.
¡Será cual si todas quisiesen,
las piedras del mundo, cantar!

¿La haremos, mejor, en el bosque?
La voz y la voz va a trenzar,
y cantos de niños y de aves
se irán en el viento a besar.

¡Haremos la ronda infinita!
¡La iremos al bosque a trenzar,
la haremos al pie de los montes
y en todas las playas del mar!

Tierra chilena

Danzamos en tierra chilena,
más bella que Lía y Raquel;
la tierra que amasa a los hombres
de labios y pecho sin hiel.

La tierra más verde de huertos,
la tierra más rubia de mies,
la tierra más roja de viñas,
¡qué dulce que roza los pies!

Su polvo hizo nuestras mejillas,
su río hizo nuestro reír,
y besa los pies de la ronda
que la hace cual madre gemir.

Es bella, y por bella queremos
sus pastos de rondas albear;
es libre y por libre deseamos
su rostro de cantos bañar.

Mañana abriremos sus rocas,
la haremos viñedo y pomar;
mañana alzaremos sus pueblos;
¡hoy sólo queremos danzar!

RONDA DE LOS COLORES

Azul loco y verde loco
del lino en rama y en flor.
Mareando las oleadas
baila el lindo azuleador.

Cuando el azul se deshoja,
sigue el verde danzador:
verde-trébol, verde-oliva
y el gayo verde-limón.

¡Vaya hermosura!
¡Vaya el Color!

Rojo manso y rojo bravo
—rosa y clavel reventón—.
Cuando los verdes se rinden,
él salta como un campeón.

Bailan uno tras el otro,
no se sabe cuál mejor,
y los rojos bailan tanto
que se queman en su ardor.

¡Vaya locura!
¡Vaya el Color!

El amarillo se viene
grande y lleno de fervor
y le abren paso todos
como viendo a Agamenón.

A lo humano y lo divino
baila el santo resplandor:

aromos gajos dorados
y el azafrán volador.

¡Vaya delirio!
¡Vaya el Color!

Y por fin se van siguiendo
al pavo-real del sol,
que los recoge y los lleva
como un padre o un ladrón.

Mano a mano con nosotros
todos eran, ya no son:
¡El cuento del mundo muere
al morir el Contador!

Ronda de los aromas

Albahaca del cielo
malva de olor,
salvia dedos azules,
anís desvariador.

Bailan atarantados
a la luna o al sol,
volando cabezuelas,
talles y color.

Las zamarrea el viento,
las abre el calor,
las palmotea el río,
las aviva el tambor.

Cuando es que las mandaron
a ser matas de olor,
todas dirían "¡Sí!"
y gritarían "¡Yo!"

La menta va al casorio
del brazo del cedrón
y atrapa la vainilla
al clavito de olor.

Bailemos a los locos
y locas del olor.
Cinco semanas, cinco,
les dura el esplendor.
¡Y no mueren de muerte,
que se mueren de amor!

LOS QUE NO DANZAN

Una niña que es inválida
dijo: —"¿Cómo danzo yo?"
Le dijimos que pusiera
a danzar su corazón.

Luego dijo la quebrada:
—"¿Cómo cantaría yo?"
Le dijimos que pusiera
a cantar su corazón.

Dijo el pobre cardo muerto:
—"¿Cómo danzaría yo?"
Le dijimos: —"Pon al viento
a volar tu corazón".

Dijo Dios desde la altura:
—"¿Cómo bajo del azul?"
Le dijimos que bajara
a danzarnos en la luz.

Todo el valle está danzando
en un corro bajo el sol.
A quien falte se le vuelve
de ceniza el corazón.

RONDA DE LA PAZ

Las madres, contando batallas,
sentadas están al umbral.
Los niños se fueron al campo
la piña de pino a cortar.

Se han puesto a jugar a los ecos
al pie de su cerro alemán.
Los niños de Francia responden
sin rostro en el viento del mar.

Refrán y palabra no entienden,
mas luego se van a encontrar,
y cuando a los ojos se miren
el verse será adivinar.

Ahora en el mundo el suspiro
y el soplo se alcanza a escuchar
y a cada refrán las dos rondas
ya van acercándose más.

Las madres, subiendo la ruta
de olores que lleva al pinar,
llegando a la rueda se vieron
cogidas del viento volar.

Los hombres salieron por ellas
y viendo la tierra girar
y oyendo cantar a los montes,
al ruedo del mundo se dan.

CANCIÓN QUECHUA

Donde fue Tahuantinsuyo,
nacían los indios.
Llegábamos a la puna
con danzas, con himnos.

Silbaban quenas, ardían
dos mil fuegos vivos.
Cantaban Coyas de oro
y Amautas benditos.

Bajaste ciego de soles,
volando dormido,
para hallar viudos los aires
de llama y de indio.

Y donde eran maizales
ver subir el trigo
y en lugar de las vicuñas
topar los novillos.

¡Regresa a tu Pachacamac,
En-Vano-Venido.
Indio loco, Indio que nace,
pájaro pérdido!

CANCIÓN AMARGA

¡Ay! ¡Juguemos, hijo mío,
a la reina con el rey!

Este verde campo es tuyo.
¿De quién más podría ser?
Las oleadas de la alfalfa
para ti se han de mecer.

Este valle es todo tuyo.
¿De quién más podría ser?
Para que los disfrutemos
los pomares se hacen miel.

(¡Ay! ¡No es cierto que tiritas
como el Niño de Belén
y que el seno de tu madre
se secó de padecer!)

El cordero está espesando
el vellón que he de tejer,
y son tuyas las majadas.
¿De quién más podrían ser?

Y la leche del establo
que en la ubre ha de correr,
y el manojo de las mieses
¿de quién más podrían ser?

(¡Ay! ¡No es cierto que tiritas
como el Niño de Belén
y que el seno de tu madre
se secó de padecer!)

—¡Sí! ¡Juguemos, hijo mío,
a la reina con el rey!

SUEÑO GRANDE

A niño tan dormido
no me le recordéis.
Dormía así en mi entraña
con mucha dejadez.

Yo lo saqué del sueño
de todo su querer,
y ahora se me ha vuelto
a dormir otra vez.

La frente está parada
y las sienes también.
Los pies son dos almejas
y los costados pez.

Rocío tendrá el sueño,
que es húmeda su sien.
Tendrá música el sueño
que le da su vaivén.

Resuello se le oye
en agua de correr;
pestañas se le mueven
en hojas de maitén.

Les digo que lo dejen
con tanto y tanto bien,
hasta que se despierte
de sólo su querer.

El sueño se lo ayudan
el techo y el dintel,

la Tierra que es Cibeles,
la madre que es mujer.

A ver si yo le aprendo
dormir que ya olvidé
y se lo aprende tanta
despierta cosa infiel.

Y nos vamos durmiendo
como de su merced,
de sobras de ese sueño,
hasta el amanecer.

ARRULLO PATAGÓN

Nacieron esta noche
por las quebradas
libre rojiza,
vizcacha parda.

Manar se oyen dos leches
que no manaban,
y en el aire se mueven
colas y espaldas.

¡Ay, quién saliese,
ay, quién acarreara
en brazo y brazo
la liebre, la vizcacha!

Pero es la noche
ciega y apretujada
y me pierdo por cuevas
y por aguadas.

Me quedo oyendo
las albricias que llaman:
sorpresas, miedos,
pelambres enrolladas;

sintiendo dos alientos
que no alentaban,
tanteando en agujeros
cosas trocadas.

Hasta que venga el día
que busca y halla
y quebrando los pastos
las cargue y traiga.

LA TIERRA Y LA MUJER

Mientras tiene luz el mundo
y despierto está mi niño,
por encima de su cara,
todo es un hacerse guiños.

Guiños le hace alameda
con sus dedos amarillos,
y tras de ella vienen nubes
en piruetas de cabritos.

La cigarra, al mediodía,
con el frote le hace guiño,
y la maña de la brisa
guiña con su pañalito.

Al venir la noche hace
guiño socarrón el grillo,
y en saliendo las estrellas,
me le harán sus santos guiños.

Yo le digo a la otra Madre,
a la llena de caminos:
—"¡Haz que duerma tu pequeño
para que se duerma el mío!"

Y la muy consentidora,
la rayada de caminos,
me contesta: —"Duerme al tuyo
para que se duerma el mío".

HALLAZGO

Me encontré a este niño
cuando al campo iba:
dormido lo he hallado
en unas espigas.

O tal vez ha sido
cruzando la viña:
buscando los pámpanos
topé su mejilla.

Y por eso temo,
al quedar dormida,
se evapore como
la helada en las viñas.

QUE NO CREZCA

Que el niño mío
así se me queda.
No mamó mi leche
para que creciera.
Un niño no es el roble,
y no es la ceiba.
Los álamos, los pastos,
los otros, crezcan:
en malvavisco
mi niño se queda.

Ya no le falta nada:
risa, maña, cejas,
aire y donaire.
Sobra que crezca.

Si crece, lo ven todos
y le hacen señas.
O me lo envalentonan
mujeres necias
o tantos mocetones
que a casa llegan:
¡que mi niño no mire
monstruos de leguas!

Los cinco veranos
que tiene tenga.
Así como está
baila y galanea.

En talla de una vara
caben sus fiestas,
todas sus Pascuas

y Noches-Buenas.

Mujeres locas
no griten y sepan:
nacen y no crecen
el Sol y las piedras,
nunca maduran
y quedan eternas.
En la majada
cabritos y ovejas,
maduran y se mueren:
¡malhaya ellas!

¡Dios mío, páralo!
¡Que ya no crezca!
Páralo y sálvalo:
¡mi hijo no se me muera!

ENCARGOS

Le he rogado al almud de trigo
guarde la harina sin agriura,
y a los vinos que, cuando beba,
no me la gana sollamadura.
Y vino y trigo que me oían
se movieron como quien jura.

Grité en la peña al oso negro,
al que llamamos sin fortuna,
que, si sube despeñadero,
no me lo como bestia alguna.
Y el oso negro prometía
con su lomo sin sol ni luna.

Tengo dicho a la oreja crespa
de la cicuta, que es impura,
que si la muerde, no lo mate,
aunque su flor esté madura.
Y la cicuta, comprendiendo,
se movía, jura que jura.

Y mandado le tengo al río,
que es agua mala, de conjura,
que le conozca y no le ahogue,
cuando le cruce embocadura.
Y en ademán de espuma viva,
el río malo me lo jura.

Ando en el trance de mostrarlo
a las cosas, una por una,
y las mujeres se me ríen
del sacar niño de la cuna,

aunque viven a lluvia y aire
la granada con la aceituna.

Cuando ya estamos de regreso
a la casa de nuez oscura,
yo me pongo a rezar el mundo,
como quien punza y lo apresura,
¡para que el mundo, como madre,
sea loco de mi locura
y tome en brazos y levante
al niñito de mi cintura!

MIEDO

Yo no quiero que a mi niña
golondrina me la vuelvan;
se hunde volando en el Cielo
y no baja hasta mi estera;
en el alero hace nido
y mis manos no la peinan.
Yo no quiero que a mi niña
golondrina me la vuelvan.

Yo no quiero que a mi niña
la vayan a hacer princesa.
Con zapatitos de oro
¿cómo juega en las praderas?
Y cuando llegue la noche
a mi lado no se acuesta.
Yo no quiero que a mi niña
la vayan a hacer princesa.

Y menos quiero que un día
me la vayan a hacer reina.
La subirían al trono
a donde mis pies no llegan.
Cuando viniese la noche
yo no podría mecerla.
¡Yo no quiero que a mi niña
me la vayan hacer reina!

LA CAJITA DE OLINALÁ*

A Emma y Daniel Cossío

I

Cajita mía
de Olinalá,
palo-rosa,
jacarandá.

Cuando la abro
de golpe da
su olor de Reina
de Sabá.

¡Ay, bocanada
tropical:
clavo, caoba
y el copal!

La pongo aquí,
la dejo allá;
por corredores
viene y va.

Hierve de grecas
como un país:
nopal, venado,
codorniz.

Los volcanes
de gran cerviz

---

*Cajita de Olinalá (México) coloreadas y decoradas, hechas en madera de olor.
(Nota de la autora).

y el indio aéreo
como el maíz.

Así la pintan,
así, así,
dedos de indio
o colibrí;

y así la hace
de cabal
mano azteca,
mano quetzal.

II

Cuando la noche
va a llegar,
porque me guarde
de su mal,

me la pongo
de cabezal
donde otros ponen
su metal.

Lindos sueños
hace soñar;
hace reír,
hace llorar.

Mano a mano
se pasa el mar,
sierras mellizas*
campos de arar.

*Sierra Madre Oriental y Sierra Madre Occidental. (Nota de la autora).

Se ve al Anáhuac
rebrillar
la bestia-Ajusco*
que va a saltar,

y por el rumbo
que lleva al mar
a Quetzalcóalt
se va a alcanzar.

Ella es mi hálito
yo su andar,
ella saber,
yo desvariar.

Y paramos
como el maná
donde el camino
se sobra ya,

donde nos grita
un ¡halalá!
el mujerío
de Olinalá.

*El cerro Ajusco, que domina la capital de México. (Nota de la autora).

LA CASA

La mesa, hijo, está tendida,
en blancura quieta de nata,
y en cuatro muros azulea,
dando relumbres, la cerámica.

Esta es la sal, éste el aceite
y al centro el Pan que casi habla.
Oro más lindo que oro del Pan
no está ni en fruta ni en retama,
y da su olor de espiga y horno
una dicha que nunca sacia.
Lo partimos, hijito, juntos,
con dedos puros y palma blanda,
y tú lo miras asombrado
de tierra negra que da flor blanca.

Baja la mano de comer,
que tu madre también baja.
Los trigos, hijo, son del aire,
y son del sol y de la azada;
pero este Pan "cara de Dios"*
no llega a mesas de las casas.
Y si otros niños no lo tienen.
mejor, mi hijo, no lo tocaras,
y no tomarlo mejor sería
con mano y mano avergonzadas.

Hijo, el Hambre, cara de mueca,
en remolino gira las parvas,

*En Chile, el pueblo llama al pan "cara de Dios". (Nota de la autora).

y se buscan y no se encuentran
el pan y el Hambre corcovada.
Para que lo halle, si ahora entra,
el Pan dejemos hasta mañana;
el fuego ardiendo marque la puerta,
que el indio quechua nunca cerraba,
y miremos comer al Hambre,
para dormir con cuerpo y alma.

La Tierra

Niño indio, si estás cansado,
tú te acuestas sobre la Tierra,
y lo mismo si estás alegre,
hijo mío, juega con ella.

Se oyen cosas maravillosas
al tambor indio de la Tierra:
se oye el fuego que sube y baja
buscando el cielo, y no sosiega.
Rueda y rueda, se oyen los ríos
en cascadas que no se cuentan.
Se oyen mugir los animales;
se oye el hacha comer la selva.
Se oyen sonar telares indios.
Se oyen trillas, se oyen fiestas.

Donde el indio lo está llamando,
el tambor indio le contesta,
y tañe cerca y tañe lejos,
como el que huye y que regresa.

Todo lo toma, todo lo carga
el lomo santo de la Tierra:
lo que camina, lo que duerme,
lo que retoza y lo que pena;
y lleva vivos y lleva muertos
el tambor indio de la Tierra.

Cuando muera, no llores, hijo:
pecho a pecho ponte con ella
y si sujetas los alientos
como que todo o nada fueras,

tú escucharás subir su brazo
que me tenía y que me entrega
y la madre que estaba rota
tú la verás volver entera.

PIECECITOS

Piececitos de niño,
azulosos de frío,
¡cómo os ven y no os cubren,
Dios mío!

¡Piececitos heridos
por los guijarros todos,
ultrajados de nieves
y lodos!

El hombre ciego ignora
que por donde pasáis,
una flor de luz viva
dejáis;

que allí donde ponéis
la plantita sangrante,
el nardo nace más
fragante.

Sed, puesto que marcháis
por los caminos rectos,
heroicos como sois
perfectos.

Piececitos de niño,
dos joyitas sufrientes,
¡cómo pasan sin veros
las gentes!

MANITAS

Manitas de los niños,
manitas pedigüeñas,
de los valles del mundo
sois dueñas.

Manitas de los niños
que al grano se tienden,
por vosotros las frutas
se encienden.

Y los panales llenos
de su carga se ofenden.
¡Y los hombres que pasan
no entienden!

Manitas blancas, hechas
como de suave harina,
la espiga por tocaros
se inclina.

Manitas extendidas,
piñón, caracolitos,
bendito quien os colme,
¡bendito!

Benditos los que oyendo
que parecéis un grito,
os devuelven el mundo:
¡benditos!

CARICIA

Madre, madre, tú me besas
pero yo te beso más
y el enjambre de mis besos
no te deja ni mirar.

Si la abeja se entra al lirio,
no se siente su aletear.
Cuando escondes a tu hijito
ni se le oye respirar.

Yo te miro, yo te miro
sin cansarme de mirar,
y qué lindo niño veo
a tus ojos asomar.

El estanque copia todo
lo que tú mirando estás;
pero tú en las niñas tienes
a tu hijo y nada más.

Los ojitos que me diste
me los tengo que gastar
en seguirte por los valles,
por el cielo y por el mar.

Dulzura

Madrecita mía,
madrecita tierna,
déjame decirte
dulzuras extremas.

Es tuyo mi cuerpo
que juntaste en ramo;
deja revolverlo
sobre tu regazo.

Juega tú a ser hoja
y yo a ser rocío;
y en tus brazos locos
tenme suspendido.

Madrecita mía,
todito mi mundo,
déjame decirte
los cariños sumos.

Obrerito

Madre, cuando sea grande
¡ay, qué mozo el que tendrás!
Te levantaré en mis brazos,
como el zonda* al herbazal.

O te acostaré en las parvas
o te cargaré hasta el mar
o te subiré las cuestas
o te dejaré al umbral.

Y ¡qué casal ha de hacerte
tu niñito, tu titán,
y qué sombra tan amante
sus aleros van a dar!

Yo te regaré una huerta
y tu falda he de cansar
con las frutas y las frutas
que son mil y que son más.

O mejor te haré tapices
con la juncia de trenzar;
o mejor tendré un molino
que te hable haciendo el pan.

Cuenta, cuenta las ventanas
y las puertas del casal;
cuenta, cuenta maravillas
si las puedes tú contar.

*Viento cálido y fuerte del norte argentino. (Nota de la autora).

Doña primavera

Doña Primavera
viste que es primor,
viste en limonero
y en naranjo en flor.

Lleva por sandalias
unas anchas hojas,
y por caravana
unas fucsias rojas.

Salid a encontrarla
por esos caminos.
¡Va loca de soles
y loca de trinos!

Doña Primavera
de aliento fecundo,
se ríe de todas
las penas del mundo.

No cree al que le hable
de las vidas ruines.
¿Cómo va a toparlas
entre los jazmines?

¿Cómo va a encontrarlas
junto de las fuentes
de espejos dorados
y cantos ardientes?

Da la tierra enferma
en las pardas grietas,

enciende rosales
de rojas piruetas.

Pone sus encajes,
prende sus vestiduras,
en la piedra triste
de las sepulturas.

Doña Primavera
de manos gloriosas,
haz que por la vida
derramemos rosas:

Rosas de alegría,
rosas de perdón,
rosas de cariño,
y de exultación.

EL HIMNO COTIDIANO

En este nuevo día
que me concedes, ¡oh Señor!,
dame mi parte de alegría
y haz que consiga ser mejor.

Dame Tú el don de la salud,
la fe, el ardor, la intrepidez,
séquito de la juventud;
y la cosecha de verdad,
la reflexión, la sensatez,
séquito de la ancianidad.

Dichoso yo si, al fin del día,
un odio menos llevo en mí;
si una luz más mis pasos guía
y si un error más yo extinguí.

Y si por la rudeza mía
nadie sus lágrimas vertió,
y si alguien tuvo la alegría
que mi ternura le ofreció.

Que cada tumbo en el sendero
me vaya haciendo conocer
cada pedrusco traicionero
que mi ojo ruin no supo ver.

Y más potente me incorpore,
sin protestar, sin blasfemar.
Y mi ilusión la senda dore,
y mi ilusión me la haga amar.

Que dé la suma de bondad,
de actividades y de amor
que a cada ser se manda dar:
suma de esencias a la flor
y de albas nubes a la mar.

Y que, por fin, mi siglo engreído
en su grandeza material,
no me deslumbre hasta el olvido
de que soy barro y soy mortal.

Ame a los seres este día;
a todo trance halle la luz.
Ame mi gozo y mi agonía:
¡ame la prueba de mi cruz!

III

Tala

T<small>ALA</small>
Editorial Sur
Buenos Aires, Argentina
1938

LA COPA

Yo he llevado una copa
de una isla a otra isla sin despertar el agua.
Si la vertía, una sed traicionaba;
por una gota, el don era caduco;
perdida toda, el dueño lloraría.

No saludé las ciudades;
no dije elogio a su vuelo de torres,
no abrí los brazos en la gran Pirámide
ni fundé casa con coro de hijos.

Pero entregando la copa, yo dije
con el sol nuevo sobre mi garganta:
—"Mis brazos ya son libres como nubes sin dueño
y mi cuello se mece en la colina
de la invitación de los valles".

Mentira fue mi aleluya: miradme.
Yo tengo la vista caída a mis palmas;
camino lenta, sin diamante de agua;
callada voy, y no llevo tesoro,
¡y me tumba en el pecho y los pulsos
la sangre abatida de angustia y de miedo!

DOS ÁNGELES

No tengo sólo un Ángel
con ala estremecida:
me mecen como al mar
mecen las dos orillas
el Ángel que da el gozo
y el que da la agonía,
el de alas tremolantes
y el de las alas fijas.

Yo sé, cuando amanece,
cuál va a regirme el día,
si el de color de llama
o el de color de ceniza,
y me los doy como alga
a la ola, contrita.

Sólo una vez volaron
con las alas unidas;
el día del amor,
el de la Epifanía.

¡Se juntaron en una
sus alas enemigas
y anudaron el nudo
de la muerte y la vida!

PAÍS DE LA AUSENCIA

País de la ausencia
extraño país,
más ligero que ángel
y seña sutil,
color de alga muerta,
color de neblí,
con edad de siempre,
sin edad feliz.

No echa granada,
no cría jazmín,
y no tiene cielos
ni mares de añil.
Nombre suyo, nombre,
nunca se lo oí,
y en país sin nombre
me voy a morir.

Ni puente ni barca
me trajo hasta aquí.
No me lo contaron
por isla o país.
Yo no lo buscaba
ni lo descubrí.

Parece una fábula
que ya me aprendí,
sueño de tomar
y de desasir.
Y es mi patria donde
vivir y morir.

Me nació de cosas
que no son país;
de patrias y patrias
que tuve y perdí;
de las criaturas
que yo vi morir;
de lo que era mío
y se fue de mí.

Perdí cordilleras
en donde dormí;
perdí huertos de oro
dulces de vivir;
perdí yo las islas
de caña y añil,
y las sombras de ellos
me las vi ceñir
y juntas y amantes
hacerse país.

Guedejas de nieblas
sin dorso y cerviz,
alientos dormidos
me los vi seguir,
y en años errantes
volverse país,
y en país sin nombre
me voy a morir.

LA EXTRANJERA

—Habla con dejo de sus mares bárbaros,
con no sé qué algas y no sé qué arenas;
reza oración a dios sin bulto y peso,
envejecida como si muriera.
En huerto nuestro que nos hizo extraño,
ha puesto cactus y zarpadas hierbas.
Alienta del resuello del desierto
y ha amado con pasión de que blanquea,
que nunca cuenta y que si nos contase
sería como el mapa de otra estrella.
Vivirá entre nosotros ochenta años,
pero siempre será como si llega,
hablando lengua que jadea y gime
y que le entienden sólo bestezuelas.
Y va a morirse en medio de nosotros,
en una noche en la que más padezca,
con sólo su destino por almohada,
de una muerte callada y *extranjera*.

BEBER

Recuerdo gestos de criaturas
y son gestos de darme el agua.

En el Valle de Río Blanco,
en donde nace el Aconcagua,
llegué a beber, salté a beber
en el fuete de una cascada,
que caía crinada y dura
y se rompía yerta y blanca.
Pegué mi boca al hervidero,
y me quemaba el agua santa,
y tres días sangró mi boca
de aquel sorbo del Aconcagua.

En el campo de Mitla, un día
de cigarras, de sol, de marcha,
me doblé a un pozo y vino un indio
a sostenerme sobre el agua,
y mi cabeza, como un fruto,
estaba dentro de sus palmas.
Bebía yo lo que bebía,
que era su cara con mi cara,
y en un relámpago yo supe
carne de Mitla ser mi casta.

En la Isla de Puerto Rico,
a la siesta de azul colmada,
mi cuerpo quieto, las olas locas,
y como cien madres las palmas,
rompió una niña por donaire
junto a mi boca un coco de agua,
y yo bebí, como una hija,

agua de madre, agua de palma.
Y más dulzura no he bebido
con el cuerpo ni con el alma.

A la casa de mis niñeces
mi madre me llevaba el agua.
Entre un sorbo y el otro sorbo
la veía sobre la jarra.
La cabeza más se subía
y la jarra más se abajaba.
Todavía yo tengo el valle,
tengo mi sed y su mirada.
Será esto la eternidad
que aún estamos como estábamos.

Recuerdo gestos de criaturas
y son gestos de darme el agua.

TODAS ÍBAMOS A SER REINAS

Todas íbamos a ser reinas,
de cuatro reinos sobre el mar;
Rosalía con Efigenia
y Lucila con Soledad.

En el valle de Elqui, ceñido
de cien montañas o de más,
que como ofrendas o tributos
arden en rojo y azafrán.

Lo decíamos embriagadas,
y lo tuvimos por verdad,
que seríamos todas reinas
y llegaríamos al mar.

Con las trenzas de los siete años,
y batas claras de percal,
persiguiendo tordos huidos
en la sombra del higueral.

De los cuatro reinos, decíamos,
indudables como el Korán,
que por grandes y por cabales
alcanzarían hasta el mar.

Cuatro esposos desposarían,
por el tiempo de desposar,
y eran reyes y cantadores
como David, rey de Judá.

Y de ser grandes nuestros reinos,
ellos tendrán, sin faltar,

mares verdes, mares de algas,
y el ave loca del faisán.

Y de tener todos los frutos,
árbol de leche, árbol del pan,
el guayacán no cortaríamos
ni morderíamos metal.

Todas íbamos a ser reinas,
y de verídico reinar;
pero ninguna ha sido reina
ni en Arauco ni en Copán.

Rosalía besó marino
ya desposado con el mar,
y al besador, en las Guaitecas,
se lo comió la tempestad.

Soledad crió siete hermanos
y su sangre dejó en su pan,
y sus ojos quedaron negros
de no haber visto nunca el mar.

En las viñas de Montegrande,
con su puro seno candeal,
mece los hijos de otras reinas
y los suyos nunca-jamás.

Efigenia cruzó extranjero
en las rutas, y sin hablar,
le siguió, sin saberle nombre,
porque el hombre parece el mar.

Y Lucila, que hablaba a río,
a montaña y cañaveral,
en las lunas de la locura
recibió reino de verdad.

En las nubes contó diez hijos
y en los salares su reinar,
en los ríos ha visto esposos
y su manto en la tempestad.

Pero en el Valle de Elqui, donde
son cien montañas o son más,
cantan las otras que vinieron
y las que vienen cantarán:

—"En la tierra seremos reinas,
y de verídico reinar,
y siendo grandes nuestros reinos,
llegaremos todas al mar".

COSAS

1

Amo las cosas que nunca tuve
con las otras que ya no tengo:

Yo toco un agua silenciosa,
parada en pastos friolentos,
que sin un viento tiritaba
en el huerto que era mi huerto.

La miro como la miraba;
me da un extraño pensamiento,
y juego, lenta, con esa agua
como con pez o con misterio.

2

Pienso en umbral donde dejé
pasos alegres que ya no llevo,
y en el umbral veo una llaga
llena de musgo y de silencio.

3

Me busco un verso que he perdido,
que a los siete años me dijeron.
Fue una mujer haciendo el pan
y yo su santa boca veo.

4

Viene un aroma roto en ráfagas;
soy muy dichosa si lo siento;
de tan delgado no es aroma,
siendo el olor de los almendros.

Me vuelve niños los sentidos;
le busco un nombre y no lo acierto,
y huelo el aire y los lugares
buscando almendros que no encuentro.

5

Un río suena siempre cerca.
Ha cuarenta años que lo siento.
Es canturía de mi sangre
o bien un ritmo que me dieron.

O el río Elqui de mi infancia
que me repecho y me vadeo.
Nunca lo pierdo; pecho a pecho,
como dos niños, nos tenemos.

6

Cuando sueño la Cordillera,
camino por desfiladeros,
y voy oyéndoles, sin tregua,
un silbo casi juramento.

7

Veo al remate del Pacífico
amoratado mi archipiélago,
y de una isla me ha quedado
un olor acre de alción muerto.

8

Un dorso, un dorso grave y dulce,
remata el sueño que yo sueño.
Es al final de mi camino
y me descanso cuando llego.

Es tronco muerto o es mi padre,
el vago dorso ceniciento.

Yo no pregunto, no lo turbo.
Me tiendo junto, callo y duermo.

9

Amo una piedra de Oaxaca
o Guatemala, a que me acerco,
roja y fija como mi cara
y cuya grieta da un aliento.

Al dormirme queda desnuda;
no sé por qué yo la volteo.
Y tal vez nunca la he tenido
y es mi sepulcro lo que veo.

Ausencia

Se va de ti mi cuerpo gota a gota.
Se va mi cara en un óleo sordo;
se van mis manos en azogue suelto;
se van mis pies en dos tiempos de polvo.

¡Se te va todo, se nos va todo!

Se va mi voz, que te hacía campana
cerrada a cuanto no somos nosotros.
Se van mis gestos que se devanaban
en lanzaderas, debajo tus ojos.
Y se te va la mirada que entrega,
cuando te mira, el enebro y el olmo.

Me voy de ti con tus mismos alientos:
como humedad de tu cuerpo evaporo.
Me voy de ti con vigilia y con sueño,
y en tu recuerdo más fiel ya me borro.
Y en tu memoria me vuelvo como esos
que no nacieron en llanos ni en sotos.

Sangre sería y me fuese en la palmas
de tu labor, y en tu boca de mosto.
Tu entraña fuese, y sería quemada
en marchas tuyas que nunca más oigo,
¡y en tu pasión que retumba en la noche
como demencia de mares solos!

¡Se nos va todo, se nos va todo!

VIEJA

Ciento veinte años tiene, ciento veinte,
y está más arrugada que la Tierra.
Tantas arrugas lleva que no lleva otra cosa
sino alforzas y alforzas como la pobre estera.

Tantas arrugas se hizo como la duna al viento,
y se está al viento que la empolva y pliega;
tantas arrugas muestra que le miramos sólo
sus escamas de pobre carpa eterna.

Se le olvidó la muerte inolvidable,
como un paisaje, un oficio, una lengua.
Y a la muerte también se le olvidó su cara,
porque se olvidan las caras sin cejas.

Arroz nuevo le llevan en las dulces mañanas;
fábulas de cuatro años al servirle le cuentan;
aliento de quince años al tocarla le ponen;
cabellos de veinte años al besarla le allegan.

Mas la misericordia que la salva es la mía.
Yo le regalaré mis horas muertas,
y aquí me quedaré por la semana,
pegada a su mejilla y a su oreja.

Diciéndole la muerte lo mismo que una patria;
dándosela en la mano como una tabaquera;
contándole la muerte como se cuenta a Ulises,
hasta que me la oiga y me la aprenda.

"La Muerte", le diré al alimentarla;
y "La Muerte", también, cuando la duerma;

"La Muerte", como el número y los números,
como una antífona y una secuencia.

Hasta que alargue su mano y la tome,
lúcida entera en vez de soñolienta,
abra los ojos, la mire y la acepte
y despliegue la boca y se la beba.

Para que al fin se doble de obediencia
y de una gran dulzura se disuelva,
con la ciudad fundada el año suyo
y el barco que lanzaron en su fiesta,

Y yo pueda sembrarla lealmente,
como se siembran maíz y lenteja,
donde a tiempo las otras se sembraron,
más dóciles, más prontas y más frescas,

Su corazón aflojado soltando,
y su nuca acostando sobre arena,
las viejas que pudieron no morir:
Clara de Asís, Catalina y Teresa.

LA FUGA

Madre mía, en el sueño
ando por paisajes cardenosos:
un monte negro que se contornea
siempre, para alcanzar el otro monte;
y en el que sigue estás tú vagamente,
pero siempre hay otro monte redondo
que circundar, para pagar el paso
al monte de tu gozo y de mi gozo.

Mas, a trechos tú misma vas haciendo
el camino de juegos y de expolios.
Vamos las dos sintiéndonos, sabiéndonos,
mas no podemos vernos en los ojos,
y no podemos trocarnos palabra,
cual la Eurídice y el Orfeo solos,
las dos cumpliendo un voto o un castigo,
ambas con pies y con acentos rotos.

Pero a veces no vas al lado mío:
te llevo en mí, en un peso angustioso
y amoroso a la vez, como pobre hijo
galeoto a su padre galeoto,
y hay que enhebrar los cerros repetidos,
sin decir el secreto doloroso:
que yo te llevo hurtada a dioses crueles
y que vamos a un Dios que es de nosotros.

Y otras veces ni estás cerro adelante,
ni vas conmigo, ni vas en mi soplo;
te has disuelto con niebla en las montañas,
te has cedido al paisaje cardenoso.
Y me das unas voces de sarcasmo

desde tres puntos, y en dolor me rompo,
porque mi cuerpo es uno, el que me diste,
y tú eres un agua de cien ojos,
y eres un paisaje de mil brazos,
nunca más lo que son los amorosos:
un pecho vivo sobre un pecho vivo,
nudo de bronce ablandado en sollozo.

Y nunca estamos, nunca nos quedamos,
como dicen que quedan los gloriosos,
delante de su Dios, en dos anillos
de luz o en dos medallones absortos,
ensartados en un rayo de gloria
o acostados en un cauce de oro.

O te busco, y no sabes que te busco,
o vas conmigo, y no te veo el rostro;
o vas en mí por terrible convenio;
sin responderme con tu cuerpo sordo,
siempre por el rosario de los cerros,
que cobran sangre para entregar gozo,
y hacen danzar en torno a cada uno,
¡hasta el momento de la sien ardiendo,
del cascabel de la antigua demencia
y de la trampa en el vórtice rojo!

LÁPIDA FILIAL

Apegada a la seca fisura
del nicho, déjame que te diga:
—Amados pechos que me nutrieron
con una leche más que otra viva;
parados ojos que me miraron
con tal mirada que me ceñía;
regazo ancho que calentó
con una hornaza que no se enfría;
mano pequeña que me tocaba
con un contacto que me fundía;
¡resucitad, resucitad,
si existe la hora, si es cierto el día,
para que Cristo os reconozca
y a otro país deis alegría,
para que pague ya mi Arcángel
formas y sangre y leche mía,
y que por fin os recupere
la vasta y santa sinfonía
de viejas madres: la Macabea,
Ana, Isabel, Lía y Raquel!

NOCTURNO DE LA CONSUMACIÓN

Te olvidaste del rostro que hiciste
en un valle a una oscura mujer;
olvidaste entre todas tus formas
mi alzadura de lento ciprés;
cabras vivas, vicuñas doradas
te cubrieron la triste y la fiel.

Te han tapado mi cara rendida
las criaturas que te hacen tropel;
te han borrado mis hombros las dunas
y mi frente algarrobo y maitén.
Cuantas cosas gloriosas hiciste
te han cubierto a la pobre mujer.

Como Tú me pusiste en la boca
la canción por la sola merced:
como Tú me enseñaste este modo
de estirarte mi esponja con hiel,
yo me pongo a cantar tus olvidos,
por hincarte mi grito otra vez.
Yo te digo que me has olvidado
—pan de tierra de la insipidez—
leño triste que sobra en tus haces,
pez sombrío que afrenta la red.
Yo te digo con otro que "hay tiempo
de sembrar como de recoger".

No te cobro la inmensa promesa
de tu cielo en niveles de mies;
no te digo apetito de Arcángeles
ni Potencias que me hagan arder;
no te busco los prados de música
donde a tristes llevaste a pacer.

Hace tanto que masco tinieblas,
que la dicha no sé reaprender;
tanto tiempo que piso las lavas
que olvidaron vellones los pies;
tantos años que muerdo el desierto
que mi patria se llama la Sed.

La oración de paloma zurita
ya no baja en mi pecho a beber;
la oración de colinas divinas,
se ha raído en la gran aridez,
y ahora tengo en la mano una nueva,
la más seca, ofrecida a mi Rey.

Dame Tú el acabar de la encina
en fogón que no deje la hez;
dame Tú el acabar del celaje
que su sol hizo y quiso perder;
dame el fin de la pobre medusa
que en la arena consuma su bien.

He aprendido un amor que es terrible
y que corta mi gozo a cercén:
he ganado el amor de la nada,
apetito del nunca volver,
voluntad de quedar con la tierra
mano a mano y mudez con mudez,
despojada de mi propio Padre,
¡rebanada de Jerusalem!

NOCTURNO DE LOS TEJEDORES VIEJOS

Se acabaron los días divinos
de la danza delante del mar,
y pasaron las siestas del viento
con aroma de polen y sal,
y las otras en trigos dormidas
con nidal de paloma torcaz.

Tan lejanos se encuentran los años
de los panes de harina candeal
disfrutados en mesa de pino,
que negamos, mejor, su verdad,
y decimos que siempre estuvieron
nuestras vidas lo mismo que están,
y vendemos la blanca memoria
que dejamos tendida al umbral.

Han llegado los días ceñidos
como el puño de Salmanazar.
Llueve tanta ceniza nutrida
que la carne es su propio sayal.
Retiraron los mazos de lino
y se escarda, sin nunca acabar,
un esparto que no es de los valles
porque es hebra de hilado metal.

Nos callamos las horas y el día
sin querer la faena nombrar,
cual se callan remeros muy pálidos
los tifones, y el boga, el caimán,
porque el nombre no nutra al destino,
y sin nombre, se pueda matar.

Pero cuando la frente enderézase
de la prueba que no han de apurar,
al mirarnos, los ojos se truecan
la palabra en el iris leal,
y bajamos los ojos de nuevo,
como el jarro al brocal contumaz,
desolados de haber aprendido
con el nombre la cifra letal.

Los precitos contemplan la llama
que hace dalias y fucsias girar;
los forzados, como una cometa,
bajan y alzan su "nunca jamás".
Mas nosotros tan sólo tenemos,
para juego de nuestro mirar,
grecas lentas que dan nuestras manos,
golondrinas, al muro de cal,
remos negros que siempre jadean
y que nunca rematan el mar.

Prodigiosas las dulces espaldas
que se olvidan del se enderezar,
que obedientes la leña mortal,
porque nunca han sabido de dónde
fueron hechas y a qué volverán.

¡Pobre cuerpo que todo ha aprendido
de sus padres José e Isaac,
y fantásticas manos leales,
las que tejen sin ver ni contar,
ni medir paño y paño cumplido,
preguntando si basta o si es más!

Levantando la blanca cabeza
ensayamos tal vez preguntar
de qué ofensa callada ofendimos

a un demiurgo al que se ha de aplacar,
como leños de hoguera que odiasen
el arder, sin saberse apagar.

Humildad de tejer esta túnica
para un dorso sin nombre ni faz,
y dolor el que escucha en la noche
toda carne de Cristo arribar,
recibir el telar que es de piedra
y la Casa que es de eternidad.

NOCTURNO DEL DESCENDIMIENTO

Cristo del campo, "Cristo de Calvario"
vine a rogarte por mi carne enferma;
pero al verte mis ojos van y vienen
de tu cuerpo a mi cuerpo con vergüenza.
Mi sangre aún es agua de regato;
la tuya se paró como agua en presa.
Yo tengo arrimo en hombro que me vale,
a ti los cuatro clavos ya te sueltan,
y el encuentro se vuelve un recogerte
la sangre como lengua que contesta,
pasar mis manos por mi pecho enjuto,
coger tus pies en peces que gotean.

Ahora ya no me acuerdo de nada,
de viaje, de fatiga, de dolencia.
El ímpetu del ruego que traía
se me sume en la boca pedigüeña,
de hallarme en este pobre anochecer
con un bulto vencido en una cuesta
que cae y cae y cae sin parar
en un trance que nadie me dijera.
Desde tu vertical cae tu carne
en cáscara de fruta que golpean:
el pecho cae y caen las rodillas
y en cogollo abatido, la cabeza.

Acaba de llegar, Cristo, a mis brazos,
peso divino, dolor que me entregan,
ya que estoy sola en esta luz sesgada
y lo que veo no hay otro que me vea
y lo que pasa tal vez cada noche
no hay nadie que lo atine o que lo sepa,

y esta caída, los que son tus hijos,
como no te la ven no la sujetan,
y tu culpa de sangre no reciben,
¡de ser el cerro soledad entera
y de ser la luz poca y tan sesgada
en un cerro sin nombre de la Tierra!

LOCAS LETANÍAS

¡Cristo, hijo de mujer,
carne que aquí amamantaron,
que se acuerda de una noche,
y de un vagido, y de un llanto:
recibe a la que dio leche
cantándome con tu salmo
y llévala con las otras,
espejos que se doblaron
y cañas que se partieron
en hijos sobre los llanos!

¡Piedra de cantos ardiendo,
a la mitad del espacio,
en los cielos todavía
con bulto crucificado;
y cuando busca a sus hijos,
piedra loca de relámpagos,
piedra que anda, piedra que vuela,
vagabunda hasta encontrarnos,
piedra de Cristo, sal a su encuentro
y cíñetela a tus cantos
y yo mire de los valles,
en señales, sus pies blancos!

¡Río vertical de gracia,
agua del absurdo santo,
parado y corriendo vivo,
en su presa y despeñado;
río que en cantares mientan
"cabritillo" y "ciervo blanco":
a mi madre que te repecha,
como anguila, río trocado,

ayúdala a repecharte
y súbela por tus vados!

¡Jesucristo, carne amante,
juego de ecos, oído alto,
caracol vivo del cielo,
de sus aires torneado:
abájate a ella, siente
otra vez *que te tocaron;*
vuélvete a su voz que sube
por los aires extremados,
y si su voz no la lleva,
toma la niebla de su hálito!

¡Llévala a cielo de madres,
a tendal de tus regazos,
que va y que viene en un golfo
de brazos empavesado,
de las canciones de cuna
mecido como de tallos,
donde las madres arrullan
a sus hijos recobrados
o apresuran con su silbo
a los que gimiendo vamos!

¡Recibe a mi madre, Cristo,
dueño de ruta y de tránsito,
nombre que ella va diciendo,
sésamo que irá gritando,
abra nuestra de los cielos,
albatros no amortajado,
gozo que llaman los valles!
¡Resucitado, Resucitado!

PAN

Dejaron un pan en la mesa,
mitad quemado, mitad blanco,
pellizcado encima y abierto
en unos migajones de ampo.

Me parece nuevo o como no visto,
y otra cosa que él no me ha alimentado,
pero volteando su miga, sonámbula,
tacto y olor se me olvidaron.

Huele a mi madre cuando dio su leche,
huele a tres valles por donde he pasado;
a Aconcagua, a Pátzcuaro, a Elqui,
y a mis entrañas cuando yo canto.

Otros olores no hay en la estancia
y por eso él así me ha llamado;
y no hay nadie tampoco en la casa
sino este pan abierto en un plato,
que con su cuerpo me reconoce
y con el mío yo reconozco.

Se ha comido en todos los climas
el mismo pan en cien hermanos:
pan de Coquimbo, pan de Oaxaca,
pan de Santa Ana y de Santiago.

En mis infancias yo le sabía
forma de sol, de pez o de halo,
y sabía mi mano su miga
y el calor de pichón emplumado.

Después le olvidé, hasta este día
en que los dos nos encontramos,
yo con mi cuerpo de Sara vieja
y él con el suyo de cinco años.

Amigos muertos con que comíalo
en otros valles, sientan el vaho
de un pan en septiembre molido
y en agosto en Castilla segado.

Es otro y es el que comimos
en tierras donde se acostaron.
Abro la miga y les doy su calor;
lo volteo y les pongo su hálito.

La mano tengo de él rebosada
y la mirada puesta en mi mano;
entrego un llanto arrepentido
por el olvido de tantos años,
y la cara se me envejece
o me renace en este hallazgo.

Como se halla vacía la casa,
estemos juntos los reencontrados,
sobre esta mesa sin carne y fruta,
los dos en este silencio humano,
hasta que seamos otra vez uno
y nuestro día haya acabado.

SAL

La sal cogida de la duna,
gaviota viva de ala fresca,
desde su cuenco de blancura,
me busca y vuelve su cabeza.

Yo voy y vengo por la casa
y parece que no la viera
y que tampoco ella me viese,
Santa Lucía blanca y ciega.

Pero la Santa de la sal,
que nos conforta y nos penetra,
con la mirada enjuta y blanca,
alancea, mira y gobierna
a la mujer de la congoja
y a lo tendido de la cena.

De la mesa viene a mi pecho;
va de mi cuarto a la despensa,
con ligereza de vilano
y brillos rotos de saeta.

La cojo como a criatura
y mis manos la espolvorean,
y resbalando con el gesto
de lo que cae y se sujeta,
halla la blanca y desolada
duna de sal de mi cabeza.

Me salaba los lagrimales
y los caminos de mis venas,
y de pronto me perdería

como en juego de compañera,
pero en mis palmas, al regreso,
con mi sangre se reencuentra.

Mano a la mano nos tenemos
como Raquel, como Rebeca.
Yo volteo su cuerpo roto
y ella voltea mi guedeja,
y nos contamos las Antillas
y desvariamos las Provenzas.

Ambas éramos de las olas
y sus espejos de salmuera,
y del mar libre nos trajeron
a una casa profunda y quieta;
y el puñado de sal y yo,
en benignas o en prisioneras,
las dos llorando, las dos cautivas,
atravesamos por la puerta.

AGUA

Hay países que yo recuerdo
como recuerdo mis infancias.
Son países de mar o río,
de pastales, de vegas y aguas.
Aldea mía sobre el Ródano,
rendida en río y en cigarras;
Antilla en palmas verdi-negras
que a medio mar está y me llama;
¡roca ligure de Portofino:
mar italiana, mar italiana!

Me han traído a país sin río,
tierras-Agar, tierras sin agua;
Saras Blancas y Saras rojas,
donde pecaron otras razas,
de pecado rojo de atridas
que cuentan gredas tajeadas;
que no nacieron como un niño
con unas carnazones grasas,
cuando las oigo, sin un silbo,
cuando las cruzo, sin mirada.

Quiero volver a tierras niñas;
llévenme a un blando país de aguas.
En grandes pastos envejezca
y haga al río fábula y fábula.
Tenga una fuente por mi madre
y en la siesta salga a buscarla,
y en jarras baje de una peña
un agua dulce, aguda y áspera.

Me venza y pare los alientos
el agua acérrima y helada.

¡Rompa mi vaso y al beberla
me vuelva niñas las entrañas!

RECADO DE NACIMIENTO, PARA CHILE

Mi amigo me escribe: "Nos nació una niña".
La carta esponjada me llega
de aquel vagido. Y yo la abro y pongo
el vagido caliente en mi cara.

Les nació una niña con los ojos suyos,
que son tan bellos cuando tiene dicha,
y tal vez con el cuello de la madre
que es parecido a cuello de vicuña.

Les nació de sorpresa una noche
como se abre la hoja del plátano.
No tenía pañales cortados
la madre, y rasgó el lienzo al dar su grito.

Y la chiquita se quedó una hora
con su piel de suspiro,
como el niño Jesús en la noche,
lamida del Géminis, el León y el Cangrejo,
cubierta del Zodíaco de enero.

Se la pusieron a la madre al pecho
y ella se vio recién nacida,
con una hora de vida y los ojos
pegados de cera...

Les decía al bultito los mismos primores
que María la de las vacas, y María la de las cabras:
—"Conejo cimarrón", "Suelta de talle"*...

*Expresión popular chilena que quiere decir desparpajada y donairosa a la vez.
(Nota de la autora).

Y la niña gritaba pidiéndole
volver donde estaba sin las estaciones.

Cuando abrió los ojos,
la besaron los monstruos arribados:
la tía Rosa, la "china" Juana,
dobladas como los grandes quillayes
sobre la perdiz de dos horas.

Y volvió a llorar despertando vecinos,
noticiando al barrio,
importante como la Armada Británica,
sin querer aplacarse hasta que todos hubiesen sabido.

Le pusieron mi nombre,
para que coma salvajemente fruta,
quiebre las hierbas donde repose
y mire el mundo tan familiarmente
como si ella lo hubiese creado, y por gracia.

Mas añadieron en aquel conjuro
que no tenga nunca mi suelta imprudencia,
que no labre panales para osos
ni se ponga a azotar a los vientos.

Pienso ahora en las cosas pasadas,
en esa noche cuando ella nacía
allá en un claro de mi Cordillera.

Yo soñaba una higuera de Elqui
que manaba su leche en mi cara.
El paisaje era seco, las piedras
mucha sed, y la siesta, una rabia.

Me he despertado y me ha dicho mi sueño:
—"Lindo suceso camina a tu casa".

Ahora les escribo los encargos:
No me le opriman el pecho con faja.
Llévenla al campo verde de Aconcagua,
pues quiero hallármela bajo un aromo
en desorden de lanas, y como encontrada.

Guárdenle la cerilla del cabello,
porque debo peinarla la primera
y lamérsela como vieja loba.
Mézanla sin canto, con el puro ritmo
de las viejas estrellas.

Ojalá que hable tarde y que crezca poco;
como la manzanilla está bien.
Que la parturienta la deje
bajo advocación de Marta o Teresa.
Marta hacía panes
para alimentar al Cristo hambreado
y Teresa gobernó sus monjas
como el viejo Fabre sus avispas bravas.

Yo creo volver para Pascua
en el tiempo de tunas* fundidas
y cuando en vitrales arden los lagartos.
Tengo mucho frío en Lyon
y me abrigo nombrando el sol de Vicuña.

Me la dejarán unas noches
a dormir conmigo.
Ya no tengo aquellas pesadillas duras
y con el armiño, me duermo tres meses.

Dormiré con mi cara tocando
su oreja pequeña,

---

*Higos chumbos. (Nota de la autora).

y así le echaré soplo de Sibila.
(Kipling cuenta de alguna pantera
que dormía olfateando un granito
de mirra pegado en su pata)*.

Con su oreja pequeña en mi cara,
para que, si me muero, me sienta,
porque estoy tan sola
que se asombra de que haya mujer así sola
el cielo burlón,
y se para en tropel el Zodíaco
a mirar si es verdad o si es fábula
esta mujer que está sola y dormida.

*Kipling no cuenta nada... Cita para honrar a dos Palurdo, gran citador. (Nota de la autora).

RECADO A VICTORIA OCAMPO,
EN LA ARGENTINA

Victoria, la costa a que me trajiste,
tiene dulces los pastos y salobre el viento,
el mar Atlántico como crin de potros
y los ganados como el mar Atlántico.

Y tu casa, Victoria, tiene alhucema,
y verídicos tiene hierro y maderas,
conversación, lealtad y muros.

Albañil, plomero, vidriero,
midieron sin compases, midieron mirándote,
midieron, midieron.
Y la casa, que es tu vaina,
medio es tu madre, medio tu hija.
Industria te hicieron de paz y sueño;
puertas te dieron para tu antojo
y el umbral tendieron a tus pies.

Yo no sé si es mejor fruta que pan
y es el vino mejor que la leche en tu mesa.
Tú decidiste ser "la terrestre",
y te sirve la Tierra de la mano a la mano,
con espiga y horno, cepa y lagar.

La casa y el jardín cruzan los niños;
ellos parten tus ojos yendo y viniendo;
sus siete nombres llenan tu boca,
los siete donaires sueltan tu risa
y te enredas con ellos en hierbas locas
o te caes con ellos pasando médanos.

Gracias por el sueño que me dio tu casa,
que fue de vellón de lana merino;
por toda hora en que olí alhucema,
por la mañana en que oí las torcazas;
por tu ocurrencia de "fuente de pájaros"*,
por tanto verde en mis ojos heridos,
y bocanada de sal en mi aliento:
por tu paciencia para poetas
de los cuarenta puntos cardinales.

Te quiero porque eres vasca
y eres terca y apuntas lejos,
a lo que viene y aún no llega;
y porque te pareces a bultos naturales;
a maíz que rebosa la América,
—rebosa mano, rebosa boca—,
y a la Pampa que es de su viento
y al alma que es del Dios tremendo.

Te digo adiós y aquí te dejo,
como te hallé, sentada en dunas.
Te encargo tierras de la América,
¡a ti tan ceiba y tan flamenco,
y tan andina y tan fluvial
y tan cascada cegadora
y relámpago de la Pampa!

Guarda libre a tu Argentina
el viento, el cielo y las trojes;
libre la Cartilla, libre el rezo,
libre el canto, libre el llanto,
el pericón y la milonga,

---

*V.O. ha hecho en su jardín de Mar del Plata una fuentecita mínima de piedra donde beben los pájaros. Y la alimenta... (Nota de la autora).

libre el lazo, libre el galope:
¡el dolor libre, la dicha libre!

Por la Ley vieja de la Tierra;
por lo que es, por lo que ha sido,
por tu sangre y por la mía,
¡por Martín Fierro y el gran Cuyano*
y por Nuestro Señor Jesucristo!

*Nombre popular chileno de José de San Martín, nuestro héroe común. (Nota de
la autora).

RECADO A LOLITA ARRIAGA, EN MÉXICO

Lolita Arriaga, de vejez divina,
Luisa Michel, sin humo y barricada,
maestra parecida a pan y aceite
que no saben su nombre y su hermosura,
pero que son los "gozos de la Tierra".

Maestra en tiempo rojo de vikingos,
con escuela ambulante entre vivacs y rayos,
cargando la pollada de niños en la falda
y sorteando las líneas de fuego con las liebres.

Panadera en aldea sin pan, que tomó Villa
para que no lloraran los chiquitos, y en otra
aldea del azoro, partera a medianoche,
lavando al desnudito entre los silabarios;

o escapando en la noche del saqueo
y el pueblo, ardiendo, vuelta salamandra,
con el recién nacido colgando de los dientes
y en el pecho terciadas las mujeres.

Providencia y perdón de tus violentos,
cuyas corvas azota Huitzilopochtli, el negro,
"porque todos son buenos, alanceados del diablo
que anda a zancadas a medianoche haciendo locos".

Comadre de las cuatro preñadas estaciones,
que sabes mes de mangos, de mamey y de yucas,
mañas de raros árboles, trucos de injertos vírgenes,
floreal y frutal con la Cibeles madre.

Contadora de *casos* de iguanas y tortugas,
de bosques duros alanceados de faisanes,

de ponientes partidos por cuernos de venados
y del árbol que suda el sudor de la muerte,
vestida de tus fábulas como jaguar de rosas,
cortándolas de ti por darlas a otros
y tejiéndome a mí el ovillo del sueño
de tu viejo relato innumerable.

Bondad abrahámica de Lola Arriaga,
maestra del Dios del cielo enseñando en Anáhuac,
sustento de milagro que me dura en los huesos
y que afirma mis piernas en las siete caídas.

Encuentro tuyo en la tierra de México,
conversación feliz en el patio con hierbas,
casa desahogada como tu corazón,
y escuela tuya y mía que es nuestro largo abrazo.

Madre mía sin sueño, velándome dormida
del odio suelto que llegaba hasta la puerta
como el tigrillo, se hallaba tus ojos
y se alejaba con carrera rota.

Los cuentos que en la Sierra a darme no alcanzaste
me los llevas a un ángulo del cielo.
¡En un rincón, sin volteadura de alas,
dos viejas blancas como la sal diciendo a México
con unos tiernos ojos como las tiernas aguas
y con la eternidad del bocado de oro
en nuestra lengua sin polvo del mundo!

CORDILLERA

¡Cordillera de los Andes,
Madre yacente y Madre que anda,
que de niños nos enloquece
y hace morir cuando nos falta;
que en los metales y el amianto
nos aupaste las entrañas;
hallazgo de los primogénitos,
de Mama Ocllo y Manco Cápac,
tremendo amor y alzado cuerno
del hidromiel de la esperanza!

Jadeadora del Zodíaco,
sobre la esfera galopada;
corredora de meridianos,
piedra Mazzepa que no se cansa,
Atalanta que en la carrera
es el camino y es la marcha,
y nos lleva, pecho con pecho,
a lo madre y lo marejada,
a maná blanco y peán rojo
de nuestra bienaventuranza.

Caminas, Madre, sin rodillas.
dura de ímpetu y confianza;
con tus siete pueblos caminas
en tus faldas acigüeñadas;
caminas la noche y el día,
desde mi Estrecho a Santa Marta,
y subes de las aguas últimas
la cornamenta del Aconcagua.
Pasas el valle de mis leches,
amoratando la higuerada;

cruzas el cíngulo de fuego
y los ríos Dioscuros lanzas;
pruebas Sargassos de salmuera
y desciendes alucinada.

Viboreas de las señales
del camino del Inca Huayna,
veteada de ingenierías
y tropeles de alpaca y llama,
de la hebra del indio atónito
y del ¡ay! de la quena mágica.
Donde son valles, son dulzuras;
donde repechas, das el ansia;
donde azurea el altiplano
es la anchura de la alabanza.

Extendida como una amante
y en los soles reverberada,
punzas al indio y al venado
con el jengibre y con la salvia;
en las carnes vivas te oyes
lento hormiguero, sorda vizcacha;
oyes al puma ayuntamiento
y a la nevera, despeñada,
y te escuchas el propio amor
en tumbo y tumbo de tu lava.
Bajan de ti, bajan cantando,
como de nupcias consumadas,
tumbadores de las caobas
y rompedores de araucarias.

Aleluya por el tenerte
para cosecha de las fábulas,
alto ciervo que vio San Jorge
de cornamenta aureolada
y el fantasma del Viracocha,

vaho de niebla y vaho de habla.
¡Por las noches nos acordamos
de bestia negra y plateada,
leona que era nuestra madre
y de pie nos amamantaba!

En los umbrales de mis casas,
tengo tu sombra amoratada.
Hago, sonámbula, más rutas,
en seguimiento de tu espalda,
y devanándome en tu niebla,
o tanteando un flanco de arca;
y la tarde me cae al pecho
en una madre desollada.
¡Ancha pasión, por la pasión
de hombros de hijos jadeada!

¡Carne de piedra de la América,
halalí de piedras rodadas,
sueño de piedra que soñamos,
piedras del mundo pastoreadas;
enderezarse de las piedras
para juntarse con sus almas!
¡En el cerco del valle de Elqui,
en luna llena de fantasma,
no sabemos si somos hombres
o somos peñas arrobadas!

Vuelven los tiempos en sordo río
y se les oye la arribada
a la meseta de los Cuzcos
que es la peana de la gracia:
Silbaste el silbo subterráneo
a la gente color del ámbar;
no desatamos el mensaje
enrollado de salamandra;

y de tus tajos recogemos
nuestro destino en bocanada.

¡Anduvimos como los hijos
que perdieron signo y palabra,
como beduino o ismaelita,
como las peñas hondeadas,
hasta el día de recobrarnos
gajos pisados de vid santa,
vagabundos envilecidos,
como amantes que se encontraran!

Otra vez somos los que fuimos,
cinta de hombres, anillo que anda,
viejo tropel, larga costumbre
en derechura a la peana,
donde quedó la madre augur
que desde cuatro siglos llama,
en toda la noche de los Andes
y con el grito que es lanzada.

Otra vez suben nuestros coros
y el roto anillo de la danza,
por caminos que eran de chasquis
y en pespuntes de llamaradas.
Son otra vez adoratorios
jaloneando la montaña
y la espiral en que columpian
mirra-copal, mirra-copaiba,
¡para tu gozo y nuestro gozo
balsámica y embalsamada!

Al fueguino sube al Caribe
por tus punas espejeadas;
a criaturas de salares
y de pinar lleva a las palmas.

Nos devuelves al Quetzalcóatl
acarreándonos al maya,
y en las mesetas cansa-cielos,
donde es la luz transfigurada,
braceadora, ata tus pueblos
como juncales de sabana.

¡Suelde el caldo de tus metales
los pueblos rotos de tus abras;
cose tus ríos vagabundos,
tus vertientes acainadas.
Puño de hielo, palma de fuego,
a hielo y fuego purifícanos!
Te llamemos en aleluya
y en letanía arrebatada:
¡Especie eterna y suspendida,
Alta-ciudad, Torres-doradas,
Pascual Arribo de tu gente,
Arca tendida de la Alianza!

SOL DEL TRÓPICO

Sol de los Incas, sol de los Mayas,
maduro sol americano,
sol en que mayas y quichés
reconocieron y adoraron,
y en el que viejos aimaraes
como el ámbar fueron quemados.
Faisán rojo cuando levantas
y cuando medias, faisán blanco
sol pintador y tatuador
de casta de hombre y de leopardo.
Sol de montañas y de valles,
de los abismos y los llanos,
Rafael de las marchas nuestras,
lebrel de oro de nuestros pasos,
por toda tierra y todo mar
santo y seña de mis hermanos.
Si nos perdemos que nos busquen
en unos limos abrasados,
donde existe el árbol del pan
y padece el árbol del bálsamo.

Sol del Cuzco, blanco en la puna,
Sol de México, canto dorado,
canto rodado sobre el Mayab,
maíz de fuego no comulgado,
por el que gimen las gargantas
levantadas a tu viático;
corriendo vas por los azules
estrictos y jesucristianos,
ciervo blanco o enrojecido
siempre herido, nunca cazado.

Sol de los Andes, cifra nuestra,
veedor de hombres americanos,
pastor ardiendo de grey ardiendo
y tierra ardiendo en su milagro,
que ni se funde ni nos funde,
que no devora ni es devorado;
quetzal de fuego emblanquecido
que cría y nutre pueblos mágicos;
llama pasmado en rutas blancas
guiando llamas alucinados.

Raíz del cielo, curador
de los indios alanceados;
brazo santo cuando los salvas,
cuando los matas, amor santo.
Quetzalcóatl, padre de oficios
de la casta de ojo almendrado,
el moledor de los añiles,
el tejedor de algodón cándido.
Los telares indios enhebras
con colibríes alocados
y das las grecas pintureadas
al mujerío de Tacámbaro.
¡Pájaro Roc, plumón que empolla
dos orientes desenfrenados!

Llegas piadoso y absoluto
según los dioses no llegaron,
tórtolas blancas en bandada,
maná que baja sin doblarnos.
No sabemos qué es lo que hicimos
para vivir transfigurados.
En especies solares nuestros
Viracochas se confesaron,
y sus cuernos los recogimos
en sacramento calcinado.

A tu llama fié a los míos,
en parva de ascuas acostados.
Sobre tendal de salamandras
duermen y sueñan sus cuerpos santos.
O caminan contra el crepúsculo,
encendidos como retamos,
azafranes contra el poniente,
medio Adanes, medio topacios.

Desnuda mírame y reconóceme,
si no me viste en cuarenta años,
con Pirámide de tu nombre,
con pitahayas y con mangos,
con los flamencos de la aurora
y los lagartos tornasolados.

¡Como el maguey, como la yuca,
como el cántaro del peruano,
como la jícara de Uruapan,
como la quena de mil años,
a ti me vuelvo, a ti me entrego,
en ti me abro, en ti me baño!
Tómame como los tomaste,
el poro al poro, el gajo al gajo,
y ponme entre ellos a vivir,
pasmada dentro de tu pasmo.

Pisé los cuarzos extranjeros,
comí sus frutos mercenarios;
en mesa dura y vaso sordo
bebí hidromieles que eran lánguidos;
recé oraciones mortecinas
y me canté los himnos bárbaros,
y dormí donde son dragones
rotos y muertos los Zodíacos.

Te devuelvo por mis mayores
formas y bulto en que me alzaron.
Riégame así con rojo riego;
dame el hervir vuelta tu caldo.
Emblanquéceme u oscuréceme
en tus lejías y tus cáusticos.

¡Quémame tú los torpes miedos,
sécame lodos, avienta engaños;
tuéstame habla, árdeme ojos,
sollama boca, resuello y canto,
límpiame oídos, lávame vistas,
purifica manos y tactos!

Hazme las sangres y las leches,
y los tuétanos, y los llantos.
Mis sudores y mis heridas
sécame en lomos y en costados.
Y otra vez íntegra incorpórame
a los coros que te danzaron,
los coros mágicos, mecidos
sobre Palenque y Tiahuanaco.

Gentes quechuas y gentes mayas
te juramos lo que jurábamos.
De ti rodamos hacia el Tiempo
y subiremos a tu regazo;
de ti caímos en grumos de oro,
en vellón de oro desgajado,
y a ti entraremos rectamente
según dijeron Incas Magos.

¡Como racimos al lagar
volveremos los que bajamos,
como el cardumen de oro sube

a flor de mar arrebatado
y van las grandes anacondas
subiendo al silbo del llamado!

EL MAÍZ

I

El maíz del Anáhuac,
el maíz de olas fieles,
cuerpo de los mexitlis,
a mi cuerpo se viene.
En el viento me huye
jugando a que lo encuentre,
y me cubre y me baña
el Quetzalcóatl* verde
de las colas trabadas
que lamen y que hieren.
Braceo en la oleada
como el que nada siempre;
a puñados recojo
las pechugas huyentes,
riendo risa india
que mofa y que consiente,
y voy ciega en marea
verde resplandeciente,
braceándole la vida,
braceándole la muerte.

II

El Anáhuac ensanchan
maizales que crecen.
La tierra por divina
parece que la vuelen.

---

*Quetzalcóatl, la serpiente emplumada de los aztecas. (Nota de la autora).

En la luz sólo existen
eternidades verdes,
remadas de esplendores
que bajan y que ascienden.
Las Sierras Madres pasa
su pasión vehemente.
El indio que los cruza
como que no parece.
Maizal hasta donde
lo postrero emblanquece,
y México se acaba
donde el maíz se muere.

III

Por bocado de Xóchitl,
madre de las mujeres,
por que el umbral en hijos
y en danzas reverbere,
se matan los mexitlis
como Tlálocs* que jueguen
y la piel del Anáhuac
de escamas resplandece.
Xóchitl va caminando
filos y filos verdes.
Su hombre halló tendido
en caña de la muerte.
Lo besó con el beso
que a la nada desciende
y le sembró la carne
en el Anáhuac, leve,
en donde llama un cuerno
por el que todo vuelve.

---

*Espíritus juguetones del agua. (Nota de la autora).

IV

Mazorcada del aire*
y mazorcal terrestre,
el tendal de los muertos
y el Quetzalcóatl verde,
se están como uno solo
mitad frío y ardiente,
y la mano en la mano
se velan y se tienen.
Están en turno y pausa
que el Anáhuac entiende,
hasta que el silbo largo
por los maíces suene
de que las cañas rotas
dancen y desperecen:
¡eternidad que va
y eternidad que viene!

V

Las mesas del maíz
quieren que yo me acuerde.
El corro está mirándome
fugaz y eternamente.
Los sentados son órganos,**
las sentadas magueyes.
Delante de mi pecho
la mazorcada tienden.
De la voz y los modos
gracia tolteca llueve.
La casta come lento
como el venado bebe.

*Alusión al fresco del maíz de Diego Rivera llamado "Fecundación". (Nota de la autora
**Cactus cirial simple. (Nota de la autora).

Dorados son el hombre,
el bocado, el aceite,
y en sesgo de ave pasan
las jícaras alegres.
Otra vez me tuvieron
éstos que aquí me tienen,
y el corro, de lo eterno,
parece que espejee.

VI

El santo maíz sube
en dos ímpetus verdes,
y dormido se llena
de tórtolas ardientes.
El secreto maíz
en vaina fresca hierve
y hierve de unos crótalos
y de unos hidromieles.
El dios que lo consuma,
es dios que lo enceguece;
le da forma de ofrenda
por dársela ferviente;
en voladores hálitos
su júbilo disuelve.
Y México se acaba
donde el maizal muere.

VII

El pecho del maíz
su fervor lo retiene.
El ojo del maíz
tiene el abismo breve.
Su obsidiana se funde
como una contra-nieve.

El habla del maíz
en valva y valva envuelve.
Ley vieja del maíz,
caída no perece,
y el hombre del maíz
se juega, no se pierde.
Ahora es en Anáhuac
y ya fue en el Oriente:
¡eternidades van
y eternidades vienen!

VIII

Molinos rompe-cielos
mis ojos no los quieren.
El maizal no aman
y su harina no muelen:
no come grano santo
gente de Norte y Este;
cuando mecen sus hijos
de otra mecida mecen,
en vez de los niveles
de balanceadas frentes.
A costas del maíz
mejor que no naveguen:
maíz de nuestra boca
lo coma quien lo rece.
El cuerno mexicano
de maizal se vierte
y así tiemblan los pulsos
en trance de cogerle
y así canta la sangre
con el arcángel verde
porque el mágico Anáhuac
se ama perdidamente.

IX

Hace años el maíz
no me canta en las sienes
ni corre por mis ojos
la crinada serpiente.
Me faltan los maíces
y me sobran las mieses.
Y al sueño, en vez de Anáhuac,
le dejo que me suelte
su mazorca infinita
que me aplaca y me duerme.
Y grano rojo y negro*
y dorado y en cierne,
el sueño sin Anáhuac
me cuenta hasta mi muerte.

*Especies coloreadas del maíz en México. (Nota de la autora).

LA FLOR DEL AIRE

Yo la encontré por mi destino,
de pie a mitad de la pradera,
gobernadora del que pase
del que le hable y que la vea.

Y ella me dijo —"Sube al monte.
Yo nunca dejo la pradera,
y me cortas las flores blancas
como nieves, duras y tiernas".

Me subí a la ácida montaña,
busqué las flores donde albean,
entre las rocas existiendo
medio-dormidas y despiertas.

Cuando bajé, con carga mía,
la hallé a mitad de la pradera,
y fui cubriéndola frenética,
con un enorme torrente de azucenas.

Y sin mirarse la blancura,
ella me dijo: —"Tú acarrea
ahora sólo flores rojas.
Yo no puedo pasar la pradera".

Trepé las peñas con el venado,
y busqué flores de demencia,
las que rojean y parecen
que de rojez vivan y mueran.

Cuando bajé se las fui dando
con un temblor feliz de ofrenda,

y ella se puso como el agua
que en ciervo herido se ensangrienta.

Pero mirándome, sonámbula,
me dijo: —"Sube y acarrea
las amarillas, las amarillas.
Yo nunca dejo la pradera".

Subí derecho a la montaña
y me busqué las flores densas,
color de sol y de azafranes,
recién nacidas y ya eternas.

Al encontrarla, como siempre,
a la mitad de la pradera,
segunda vez yo fui cubriéndola,
y la dejé como las eras.

Y todavía, loca de oro,
me dijo: —"Súbete, mi sierva,
y cortarás las sin color,
ni azafranadas ni bermejas".

"Las que yo amo por recuerdo
de la Leonora y la Ligeia,
color del Sueño y de los sueños.
Yo soy Mujer de la pradera".

Me fui ganando la montaña,
ahora negra como Medea,
sin tajada de resplandores,
como una gruta vaga y cierta.

Ellas no estaban en las ramas,
ellas no abrían en las piedras
y las corté del aire dulce,
tijereteándolo ligera.

Me las corté como si fuese
la cortadora que está ciega.
Corté de un aire y de otro aire,
tomando el aire por mi selva.

Cuando bajé de la montaña
y fui buscándome a la reina,
ahora ella caminaba,
ya no era blanca ni violenta.

Ella se iba, la sonámbula,
abandonando la pradera,
y yo siguiéndola y siguiéndola
por el pastal y la alameda.

Cargada así de tantas flores,
con espaldas y mano aéreas,
siempre cortándolas del aire
y con los aires como siega.

Ella delante va sin cara;
ella delante va sin huella,
y yo la sigo todavía
entre los gajos de la niebla.

Con estas flores sin color,
ni blanquecinas ni bermejas,
hasta mi entrega sobre el límite,
cuando mi Tiempo se disuelva.

IV

Lagar

Lagar
Editorial del Pacífico
Santiago, Chile
1954

CANTO QUE AMABAS

Yo canto lo que tú amabas, vida mía,
por si te acercas y escuchas, vida mía,
por si te acuerdas del mundo que viviste
al atardecer yo canto, sombra mía.

Yo no quiero enmudecer, vida mía.
¿Cómo sin mi grito fiel me hallarías?
¿Cuál señal, cuál me declara, vida mía?

Soy la misma que fue tuya, vida mía.
Ni lenta ni trascordada ni perdida.
Acude al anochecer, vida mía;
ven recordando un canto, vida mía,
si la canción reconoces de aprendida
y si mi nombre recuerdas todavía.

Te espero sin plazo y sin tiempo.
No temas noche, neblina ni aguacero.
Ven igual con sendero o sin sendero.
Llámame adonde eres, alma mía
y marcha recto hacia mí, compañero.

Una palabra

Yo tengo una palabra en la garganta
y no la suelto, y no me libro de ella
aunque me empuja su empellón de sangre.
Si la soltase, quema el pasto vivo,
sangra al cordero, hace caer al pájaro.

Tengo que desprenderla de mi lengua,
hallar un agujero de castores
o sepultarla con cal y mortero
porque no guarde como el alma el vuelo.

No quiero dar señales de que vivo
mientras que por mi sangre vaya y venga
y suba y baje por mi loco aliento.
Aunque mi padre Job la dijo, ardiendo,
no quiero darle, no, mi pobre boca
porque no ruede y la hallen las mujeres
que van al río, y se enrede a sus trenzas
o al pobre matorral tuerza o abrase.

Yo quiero echarle violentas semillas
que en una noche la cubran y ahoguen,
sin dejar de ella el cisco de una sílaba.
O rompérmela así, como la víbora
que por mitad se parte entre los dientes.

Y volver a mi casa, entrar, dormirme,
cortada de ella, rebanada de ella,
y despertar después de dos mil días
recién nacida de sueño y olvido.

Sin saber ¡ay! que tuve una palabra
de yodo y piedra-alumbre entre los labios

ni poder acordarme de una noche,
de la morada en país extranjero,
de la celada y el rayo a la puerta
y de mi carne marchando sin su alma.

PUERTAS

Entre los gestos del mundo
recibí el que dan las puertas.
En la luz yo las he visto
o selladas o entreabiertas
y volviendo sus espaldas
del color de la vulpeja.
¿Por qué fue que las hicimos
para ser sus prisioneras?

Del gran fruto de la casa
son la cáscara avarienta.
El fuego amigo que gozan
a la ruta no lo prestan.
Canto que adentro cantamos
lo sofocan sus maderas
y a su dicha no convidan
como la granada abierta:
¡Sibilas llenas de polvo,
nunca mozas, nacidas viejas!

Parecen tristes moluscos
sin marea y sin arenas.
Parecen, en lo ceñudo,
la nube de la tormenta.

A las sayas verticales
de la Muerte se asemejan
y yo las abro y las paso
como la caña que tiembla.

"¡No!", dicen a las mañanas
aunque las bañen, las tierras.

Dice "¡No!" al viento marino
que en su frente palmotea
y al olor de pinos nuevos
que se viene por la Sierra.
Y lo mismo que Casandra,
no salvan aunque bien sepan:
porque mi duro destino
él también pasó mi puerta.

Cuando golpeo me turban
igual que la vez primera.
El seco dintel da luces
como la espada despierta
y los batientes se avivan
en escapadas gacelas.
Entro como quien levanta
paño de cara encubierta,
sin saber lo que me tiene
mi casa de angosta almendra
y pregunto si me aguarda
mi salvación o mi pérdida.

Ya quiero irme y dejar
el sobrehaz de la Tierra,
el horizonte que acaba
como un ciervo, de tristeza,
y las puertas de los hombres
selladas como cisternas.
Por no voltear en la mano
sus llaves de anguilas muertas
y no oírles más el crótalo
que me sigue la carrera.

Voy a cruzar sin gemido
la última vez por ellas
y a alejarme tan gloriosa

como la esclava liberta,
siguiendo el cardumen vivo
de mis muertos que me llevan.
No estarán allá rayados
por cubo y cubo de puertas
ni ofendidos por sus muros
como el herido en sus vendas.

Vendrán a mí sin embozo,
oreados de luz eterna.
Cantaremos a mitad
de los cielos y la tierra.
Con el canto apasionado
heriremos puerta y puerta
y saldrán de ella los hombres
como niños que despiertan
al oír que se descuajan
y que van cayendo muertas.

PATRIAS

Hay dos puntos en la Tierra
son Montegrande y el Mayab*.
Como sus brocales arden
se les tiene que encontrar.

Hay dos estrellas caídas
a espinales y arenal;
no las contaron por muertas
en cada piedra de umbral.
El canto que les ardía
nunca dejó de llamar,
y a más andamos, más crecen
como el Padre Aldebarán.

Hay dos puntos cardinales:
Son Montegrande y el Mayab.
Aunque los ciegue la noche
¿quién los puede aniquilar?
y los dos alciones vuelan
vuelo de flecha real.

Hay dos espaldas en duelo
que un calor secreto dan,
grandes cervices nocturnas
tercas de fidelidad.
Las dos volvieron el rostro
para no mirar a Cam,
pero en oyendo sus nombres
las dos vuelven por salvar.

*Montegrande, aldea del valle de Elqui (Chile). Mayab, nombre indígena de la península de Yucatán (México). (Nota de la autora).

No son mirajes de arenas;
son madres en soledad.
Dieron el flanco y la leche
y se oyeron renegar.
Pero por si regresásemos
nos dejaron en señal,
los pies blancos de la ceiba
y el rescoldo del faisán.

Vamos, al fin, caminando
¡Montegrande y el Mayab!
Cuesta repechar el valle
oyendo burlas del mar.
Pero a más andamos, menos,
se vuelve la vista atrás.
La memoria es un despeño
y es un grito el recobrar.

Piedras del viejo regazo,
jades que ya van a hablar,
leños al soltar la llama
en mi aldea y el Mayab:
sólo estamos a dos marchas
y alientos de donde estáis.

Ya podéis secar el llanto
y salirnos a encontrar,
quemar las cañas del Tiempo
y seguir la Eternidad.

MADRE MÍA

I

Mi madre era pequeñita
como la menta o la hierba;
apenas echaba sombra
sobre las cosas, apenas,
y la Tierra la quería
por sentírsela ligera
y porque le sonreía
en la dicha y en la pena.

Los niños se la querían,
y los viejos y la hierba;
y la luz que ama la gracia,
y la busca y la corteja.

A causa de ella será
este amar lo que no se alza,
lo que sin rumor camina
y silenciosamente habla:
las hierbas aparragadas
y el espíritu del agua.

¿A quién se lo estoy contando
desde la Tierra extranjera?
A las mañanas la digo
para que se le parezcan:
y en mi ruta interminable
voy contándola a la Tierra.

Y cuando es que viene y llega
una voz que lejos canta,

perdidamente la sigo,
y camino sin hallarla.

¿Por qué la llevaron tan
lejos que no se la alcanza?
¿Y si me acudía siempre
por qué no responde y baja?

¿Quién lleva su forma ahora
para salir a encontrarla?
Tan lejos camina ella
que su aguda voz no me alcanza.
Mis días los apresuro
como quien oye llamada.

II

Esta noche que está llena
de ti, sólo a ti entregada,
aunque estés sin tiempo, tómala,
siéntela, óyela, alcánzala.
Del día que acaba queda
nada más que espera y ansia.

Algo viene de muy lejos,
algo acude, algo adelanta;
sin forma ni rumor viene
pero de llegar no acaba.
¿Y aunque viene así de recta
por qué camina y no alcanza?

III

Eres tú la que camina,
en lo leve y en lo cauta.

Llega, llega, llega al fin,
la más fiel y más amada.
¿Qué te falta donde moras?
¿Es tu río, es tu montaña?
¿O soy yo misma la que
sin entender se retarda?

No me retiene la Tierra
ni el Mar que como tú canta;
no me sujetan auroras
ni crepúsculos que fallan.

Estoy sola con la Noche,
la Osa Mayor, la Balanza,
por creer que en esta paz
puede viajar tu palabra
y romperla mi respiro
y mi grito ahuyentarla.

Vienes, madre, vienes, llegas,
también así, no llamada.
Acepta el volver a ver
y oír la noche olvidada
en la cual quedamos huérfanos
y sin rumbo y sin mirada.

Padece pedrusco, escarcha,
y espumas alborotadas.
Por amor a tu hija acepta
oír búho y marejada,
pero no hagas el retorno
sin llevarme a tu morada.

IV

Así, allega, dame el rostro,
y una palabra siseada.

Y si no me llevas, dura
en esta noche. No partas,
que aunque tú no me respondas
todo esta noche es palabra:
rostro, siseo, silencio
y el hervir la Vía Láctea.

Así... Así... más todavía.
Dura, que no ha amanecido.
Tampoco es noche cerrada.
Es adelgazarse el tiempo
y ser las dos igualadas
y volverse la quietud
tránsito lento a la Patria.

V

Será esto, madre, di,
la Eternidad arribada,
el acabarse los días
y ser el siglo nonada,
y entre un vivir y un morir
no desear, de lo asombradas.
¿A qué más si nos tenemos
ni tardías ni mudadas?

¿Cómo esto fue, cómo vino,
cómo es que dura y no pasa?
No lo quiero demandar;
voy entendiendo, azorada,
con lloro y con balbuceo
y se funden las palabras
que me diste y que me dieron
en una sola y ferviente:
—"¡Gracias, gracias, gracias, gracias!"

VERTIENTE

En el fondo de la huerta
mana una vertiente viva
ciega de largos cabellos
y sin espumas herida,
que de abajada no llama
y no se crece, de fina.

De la concha de mis manos
resbala, oscura y huida.
Por lo bajo que rebrota
se la bebe de rodillas,
y yo le llevo tan sólo
las sedes que más se inclinan:
la sed de las pobres bestias,
la de los niños, la mía.

En la luz ella no estaba
y en la noche no se oía,
pero desde que la hallamos
la oímos hasta dormidas,
porque desde ella se viene
como punzada divina,
o como segunda sangre
que el pecho no se sabía.

Era ella quien mojaba
los ojos de las novillas.
En la oleada de alhucemas
ella iba y venía
y hablaba igual que mi habla
que los pastos calofría.

No vino a saltos de liebre
bajando la serranía.
Subió cortando carbunclos,
mordiendo las cales frías.
La vieja tierra nocturna
le rebanaba la huida;
pero llegó a su querencia
con más viaje que Tobías.

(Al que manó sólo una
noche en el Huerto de Olivas
no lo miraron los troncos
ni la noche enceguecida,
y no le oyeron la sangre,
de abajada que corría.

Pero nosotras que vimos
esta agua de la acedía
que nos amó sin sabernos
y caminó dos mil días;
¿cómo ahora la dejamos
en la noche desvalida?
¿Y cómo dormir lo mismo
que cuando ella no se oía?).

MUJER DE PRISIONERO

Yo tengo en esa hoguera de ladrillos,
yo tengo al hombre mío prisionero.
Por corredores de filos amargos
y en esta luz sesgada de murciélago,
tanteando como el buzo por la gruta,
voy caminando hasta que me lo encuentro,
y hallo a mi cebra pintada de burla
en los anillos de su befa envuelto.

Me lo han dejado, como a barco roto,
con anclas de metal en los pies tiernos;
le han esquilado como a la vicuña
su gloria azafranada de cabellos.
Pero su Ángel-Custodio anda la celda
y si nunca lo ven es que están ciegos.
Entró con él al hoyo de cisterna;
tomó los grillos como obedeciendo;
se alzó a coger el vestido de cobra,
y se quedó sin el aire del cielo.

El Ángel gira moliendo y moliendo
la harina densa del más denso sueño;
le borra el mar de zarcos oleajes,
le sumerge una casa y un viñedo,
y les esconde mi ardor de carne en llamas,
y su esencia, y el nombre que dieron.

En la celda, las olas de bochorno
y frío, de los dos, yo me las siento,
y trueque y turno que hacen y deshacen
de queja y queja los dos prisioneros
¡y su guardián nocturno ni ve ni oye
que dos espaldas son y dos lamentos!

Al rematar el pobre día nuestro,
hace el Ángel dormir al prisionero,
dando y lloviendo olvido imponderable
a puñados de noche y de silencio.
Y yo desde mi casa que lo gime
hasta la suya, que es dedal ardiendo,
como quien no conoce otro camino,
en lanzadera viva voy y vengo,
y al fin se abren los muros y me dejan
pasar el hierro, la brea, el cemento.

En lo oscuro, mi amor que come moho
y telarañas, cuando es que yo llego,
entero ríe a lo blanquidorado;
a mi piel, a mi fruta y a mi cesto.
El canasto de frutas a hurtadillas
destapo, y uva a uva se lo entrego;
la sidra se la doy pausadamente,
porque el sorbo no mate a mi sediento,
y al moverse le siguen —pajarillos
de perdición— sus grillos cenicientos.

Vuestro hermano vivía con vosotros
hasta el día de cielo y umbral negro;
pero es hermano vuestro, mientras sea
la sal aguda y el agraz acedo,
hermano con su cifra y sin su cifra,
y libre o tanteando en su agujero,
y es bueno, sí, que hablemos de él, sentados
o caminando, y en vela o durmiendo,
si lo hemos de contar como una fábula
cuando nos hagan responder su Dueño.

Y cuando rueda la nieve los tejados
o a sus espaldas cae el aguacero,
mi calor con su hielo se pelea

en el pecho de mi hombre friolento:
él ríe entero a mi nombre y mi rostro
y al cesto ardiendo con que lo festejo,
¡y puedo, calentando sus rodillas,
contar como David todos sus huesos!

Pero por más que le allegue mi hálito
y le funda su sangre pecho a pecho,
¡cómo con brazo arqueado de cuna
yo rompo cedro y pizarra de techos,
si en dos mil días los hombres sellaron
este panal cuya cera de infierno
más arde más, que aceite y resinas,
y que la pez, y arde mudo y sin tiempo!

La que camina

Aquel mismo arenal, ella camina
siempre hasta cuando ya duermen los otros;
y aunque para dormir caiga por tierra
ese mismo arenal sueña y camina.
La misma ruta, la que lleva al Este
es la que toma aunque la llama el Norte,
y aunque la luz del sol le da diez rutas
y se las sabe, camina la Única.
Al pie del mismo espino se detiene
y con el ademán mismo lo toma
y lo sujeta porque es su destino.

La misma arruga de la tierra ardiente
la conduce, la abrasa y la obedece
y cuando cae de soles rendida
la vuelve a alzar para seguir con ella.
Sea que ella la viva o que la muera
en el ciego arenal que todo pierde,
de cuanto tuvo dado por la suerte
esa sola palabra ha recogido
y de ella vive y de la misma muere.

Igual palabra, igual, es la que dice
y es todo lo que tuvo y lo que lleva
y por su sola sílaba de fuego
ella puede vivir hasta que quiera.
Otras palabras aprender no quiso
y la que lleva es su propio sustento
a más sola que va más la repite
pero no se la entienden sus caminos.

¿Cómo, si es tan pequeña la alimenta?
¿Y cómo si es tan breve la sostiene

y cómo si es la misma no la rinde
y a dónde va con ella hasta la muerte?
No le den soledad porque la mude,
ni palabra le den, que no responde.
Ninguna más le dieron, en naciendo,
y como es su gemela no la deja.

¿Por qué la madre no le dio sino ésta?
¿Y por qué cuando queda silenciosa
muda no está, que sigue balbuceándola?
Se va quedando sola como un árbol
o como arroyo de nadie sabido
así marchando entre un fin y un comienzo
y como sin edad o como en sueño.
Aquellos que la amaron no la encuentran,
el que la vio la cuenta por fábula
y su lengua olvidó todos los nombres
y sólo en su oración dice el del Único.

Yo que la cuento ignoro su camino
y su semblante de soles quemado,
no sé si la sombrean pino o cedro
ni en qué lengua ella mienta a los extraños.

Tanto quiso olvidar que le ha olvidado.
Tanto quiso mudar que ya no es ella,
tantos bosques y ríos se ha cruzado
que al mar la llevan ya para perderla,
y cuando me la pienso, yo la tengo,
y le voy sin descanso recitando
la letanía de todos los nombres
que me aprendí, como ella vagabunda;
pero el Ángel oscuro nunca, nunca,
quiso que yo la cruce en los senderos.

Y tanto se la ignoran los caminos
que suelo comprender, con largo llanto,

que ya duerme del sueño fabuloso,
mar sin traición y monte sin repecho,
ni dicha ni dolor, nomás olvido.

LA BAILARINA

La bailarina ahora está danzando
la danza del perder cuanto tenía.
Deja caer todo lo que ella había,
padres y hermanos, huertos y campiñas,
el rumor de su río, los caminos,
el cuento de su hogar, su propio rostro
y su nombre, y los juegos de su infancia
como quien deja todo lo que tuvo
caer de cuello y de seno y de alma.

En el filo del día y el solsticio
baila riendo su cabal despojo.
Lo que avientan sus brazos es el mundo
que ama y detesta, que sonríe y mata,
la tierra puesta a vendimia de sangre
la noche de los hartos que ni duermen
y la dentera del que no ha posada.

Sin nombre, raza ni credo, desnuda
de todo y de sí misma, da su entrega,
hermosa y pura, de pies voladores.
Sacudida como árbol y en el centro
de la tornada, vuelta testimonio.

No está danzando el vuelo de albatroses
salpicados de sal y juegos de olas;
tampoco el alzamiento y la derrota
de los cañaverales fustigados.
Tampoco el viento agitador de velas,
ni la sonrisa de las altas hierbas.

El nombre no le den de su bautismo.
Se soltó de su casta y de su carne

sumió la canturía de su sangre
y la balada de su adolescencia.

Sin saberlo le echamos nuestras vidas
como una roja Vesta envenenada
y baila así mordida de serpientes
que alácritas y libres le repechan
y la dejan caer en estandarte
vencido o en guirnalda hecha pedazos.

Sonámbula, mudada en lo que odia,
sigue danzando sin saberse ajena
sus muecas aventando y recogiendo
jadeadora de nuestro jadeo,
cortando el aire que no la refresca
única y torbellino, vil y pura.

Somos nosotros su jadeado pecho,
su palidez exangüe, el loco grito
tirado hacia el poniente y el levante
la roja calentura de sus venas,
el olvido del Dios de sus infancias.

LA DICHOSA

Nos tenemos por la gracia
de haberlo dejado todo;
ahora vivimos libres
del tiempo de ojos celosos;
a la luz le parecemos
algodón del mismo copo.

El Universo trocamos
por un muro y un coloquio.
País tuvimos y gentes
y unos pesados tesoros,
y todo lo dio el amor
loco y ebrio de despojo.

Quiso el amor soledades
como el lobo silencioso.
Se vino a cavar su casa
en el valle más angosto
y la huella le seguimos
sin demandarle retorno.

Para ser cabal y justa
como es en la copa el sorbo,
y no robarle el instante,
y no malgastarle el soplo,
me perdí en la casa tuya
como la espada en el forro.

Nos sobran todas las cosas
que teníamos por gozos:
los labrantíos, las costas,
las anchas dunas de hinojos.

El asombro del amor
acabó con los asombros.

Nuestra dicha se parece
al panal que cela su oro;
pesa en el pecho la miel
de su peso capitoso,
y ligera voy, o grave,
y me sé y me desconozco.

Ya ni recuerdo cómo era
cuando viví con los otros.
Quemé toda mi memoria
como hogar menesteroso.
Los tejados de mi aldea
si vuelvo, no los conozco,
y el hermano de mis leches
no me conoce tampoco.

Y no quiero que me hallen
donde me escondí de todos;
antes hallen en el hielo
el rastro huido del oso.
El muro es negro de tiempo
el liquen del umbral, sordo,
y se cansa quien nos llame
por el nombre de nosotros.

Atravesaré de muerta
el patio de hongos morosos.
Él me cargará en sus brazos
en chopo talado y mondo.
Yo miraré todavía
el remate de sus hombros.

La aldea que no me vio
me verá cruzar sin rostro,

y sólo me tendrá el polvo
volador, que no es esposo.

LA FERVOROSA

En todos los lugares he encendido
con mi brazo y mi aliento el viejo fuego;
en toda tierra me vieron velando
el faisán que cayó desde los cielos,
y tengo ciencia de hacer la nidada
de las brasas juntando sus polluelos.

Dulce es callando en tendido rescoldo,
tierno cuando en pajuelas lo comienzo.
Malicias sé para soplar sus chispas
hasta que él sube en alocados miembros.
Costó, sin viento, prenderlo, atizarlo:
era o el humo o el chisporroteo;
pero ya sube en cerrada columna
recta, viva, leal y en gran silencio.

No hay gacela que salte los torrentes
y el carrascal como mi loco ciervo;
en redes, peces de oro no brincaron
con rojez de cardumen tan violento.
He cantado y bailado en torno suyo
con reyes, versolaris y cabreros,
y cuando en sus pavesas él moría
yo le supe arrojar mi propio cuerpo.

Cruzarían los hombres con antorchas
mi aldea, cuando fue mi nacimiento
o mi madre se iría por las cuestas
encendiendo las matas por el cuello.

Espino, algarrobillo y zarza negra,
sobre mi único Valle están ardiendo,

soltando sus torcidas salamandras,
aventando fragancias cerro a cerro.

Mi vieja antorcha, mi jadeada antorcha
va despertando majadas y oteros;
a nadie ciega y va dejando atrás
la noche abierta a rasgones bermejos.
La gracia pido de matarla antes
de que ella mate el Arcángel que llevo.

(Yo no sé si lo llevo o si él me lleva;
pero sé que me llamo su alimento,
y me sé que le sirvo y no le falto
y no lo doy a los titiriteros).

Corro, echando a la hoguera cuanto es mío.
Porque todo lo di, ya nada llevo,
y caigo yo, pero él no me agoniza
y sé que hasta sin brazos lo sostengo.
O me lo salva alguno de los míos,
hostigando a la noche y su esperpento,
hasta el último hondón, para quemarla
en su cogollo más alto y señero.

Traje la llama desde la otra orilla,
de donde vine y adonde me vuelvo.
Allá nadie la atiza y ella crece
y va volando en albatros bermejo.
He de volver a mi hornaza dejando
caer en su regazo el santo préstamo.

¡Padre, madre y hermana adelantados,
y mi Dios vivo que guarda a mis muertos:
corriendo voy por la canal abierta
de vuestra santa Maratón de fuego!

LA ABANDONADA

Ahora voy a aprenderme
el país de la acedía,
y a desaprender tu amor
qu era la sola lengua mía,
como río que olvidase
lecho, corriente y orillas.

¿Por qué trajiste tesoros
si el olvido no acarrearías?
Todo me sobra y yo me sobro
como traje de fiesta para fiesta no habida;
¡tanto, Dios mío, que me sobra
mi vida desde el primer día!

Dénme ahora las palabras
que no me dio la nodriza.
Las balbucearé demente
de la sílaba a la sílaba:
palabra "expolio", palabra "nada",
y palabra "postrimería",
¡aunque se tuerzan en mi boca
como las víboras mordidas!

Me he sentado a mitad de la Tierra,
amor mío, a mitad de la vida,
a abrir mis venas y mi pecho,
a mondarme en granada viva,
y a romper la caoba roja
de mis huesos que te querían.

Estoy quemando lo que tuvimos:
los anchos muros, las altas vigas,

descuajando una por una
las doce puertas que abrías
y cegando a golpes de hacha
el aljibe de la alegría.

Voy a esparcir, voleada,
la cosecha ayer cogida,
a vaciar odres de vino
y a soltar aves cautivas;
a romper como mi cuerpo
los miembros de la "masía"
y a medir con brazos altos
la parva de las cenizas.

¡Cómo duele, cómo cuesta,
cómo eran las cosas divinas,
y no quieren morir, y se quejan muriendo,
y abren sus entrañas vívidas!
Los leños entienden y hablan
el vino empinándose mira,
y la banda de pájaros sube
torpe y rota como neblina.

Venga el viento, arda mi casa
mejor que bosque de resinas,
caigan rojos y sesgados
el molino y la torre madrina.
¡Mi noche, apurada del fuego,
mi pobre noche no llegue al día!

LA DESASIDA

En el sueño yo no tenía
padre ni madre, gozos ni duelos,
no era mío ni el tesoro
que he de velar hasta el alba,
edad ni nombre llevaba,
ni mi triunfo ni mi derrota.

Mi enemigo podía injuriarme
o negarme Pedro, mi amigo,
que de haber ido tan lejos
no me alcanzaban las flechas:
para la mujer dormida
lo mismo daba este mundo
que los otros no nacidos.

Donde estuve nada dolía;
estaciones, sol ni lunas,
no punzaban ni la sangre
ni el cardenillo del Tiempo;
ni los altos silos subían
ni rondaba el hambre los silos.
Y yo decía como ebria:
¡Patria mía, Patria, la Patria!

Pero un hilo tibio retuve,
—pobre mujer— en la boca,
vilano que iba y venía
por la nonada del soplo,
no más que un hilo de araña
o que un repunte de arenas.

Pude no volver y he vuelto.
De nuevo hay muro a mi espalda,

y he de oír y responder
y, voceando pregones,
ser otra vez buhonera.

Tengo mi cubo de piedra
y el puñado de herramientas.
Mi voluntad la recojo
como ropa abandonada,
desperezo mi costumbre
y otra vez retomo el mundo.

Pero me iré cualquier día
sin llantos y sin abrazos,
barca que parte de noche
sin que la sigan las otras,
la ojeen los faros rojos
ni se la oigan sus costas.

MUERTE DEL MAR

A Doris Dana

Se murió el Mar una noche,
de una orilla a la otra orilla;
se arrugó, se recogió,
como manto que retiran.

Igual que albatros beodo
y que alimaña huida
hasta el último horizonte
con diez oleajes corría.

Y cuando el mundo robado
volvió a ver la luz del día,
él era un cuerno cascado
que al grito no respondía.

Los pescadores bajamos
a la costa envilecida,
arrugada y vuelta como
la vulpeja consumida.

El silencio era tan grande
que los pechos oprimía,
y la costa se sobraba
como la campana herida.

Donde él bramaba, hostigado
del Dios que lo combatía,
y replicaba a su Dios
con saltos de ciervo en ira.

Y donde mozos y mozas
se daban bocas salinas
y en trenza de oro danzaba
sólo el ruedo de la vida.

Quedaron las madreperlas
y las caracolas lívidas
y las medusas vaciadas
de su amor y de sí mismas.

Quedaron dunas-fantasmas
más viudas que la ceniza,
mirando fijas la cuenca
de su cuerpo de alegrías.

Y la niebla, manoseando
plumazones consumidas,
y tanteando albatros muerto,
rondaba como la Antígona.

Mirada huérfana echaban
acantilados y rías
al cancelado horizonte
que su amor no devolvía.

Y aunque el mar nunca fue nuestro
como cordera tundida,
las mujeres cada noche
por hijo se lo mecían.

Y aunque el sueño él volease
el pulpo y la pesadilla,
y al umbral de nuestras casas
los ahogados escupía.

De no oírle y de no verle
lentamente se moría,

y en nuestras mejillas áridas
sangre y ardor se sumían.

Con tal de verlo saltar
con su alzada de novilla,
jadeando y levantando
medusas y praderías.

Con tal de que nos batiese
con sus pechugas salinas,
y nos subiesen las olas
aspadas de maravillas.

Pagaríamos rescate
como las tribus vencidas
y daríamos las casas
y los hijos y las hijas.

Nos jadean los alientos
como al ahogado en mina
y el himno y el peán mueren
sobre nuestras bocas mismas.

Pescadores de ojos fijos
le llamamos todavía,
y lloramos abrazados
y las barcas ofendidas.

Y meciéndolas meciéndolas,
tal como él se les mecía,
mascamos algas quemadas
vueltos a la lejanía,
o mordemos nuestras manos
igual que esclavos escitas.

Y cogidos de las manos,
cuando la noche es venida,

aullamos viejos y niños
como unas almas perdidas:

"¡Talassa, viejo Talassa,
verdes espaldas huidas,
si fuimos abandonados
llámanos a donde existas.

Y si estás muerto, que sople
el viento color de Erinna
y nos tome y nos arroje
sobre otra costa bendita,
para contarle los golfos
y morir sobre sus islas".

MANOS DE OBREROS

Duras manos parecidas
a moluscos o alimañas;
color de humus o sollamadas
con un sollamo de salamandra,
y tremendamente hermosas
se alcen frescas o caigan cansadas.

Amasa que amasa los barros,
tumba y tumba la piedra ácida
revueltas con nudos de cáñamo
o en algodones avergonzadas,
miradas ni vistas de nadie
sólo de la Tierra mágica.

Parecidas a sus combos
o a sus picos, nunca a su alma;
a veces en ruedas locas,
como el lagarto rebanadas,
y después, Árbol-Adámico
viudo de sus ramas altas.

Las oigo correr telares;
en hornos las miro abrasadas.
El yunque las deja entreabiertas
y el chorro de trigo apuñadas.

Las he visto en bocaminas
y en canteras azuladas.
Remaron por mí en los barcos,
mordiendo las olas malas,
y mi huesa la harán justa
aunque no vieron mi espalda.

A cada verano tejen
linos frescos como el agua.
Después encardan y peinan
el algodón y la lana,
y en las ropas de los niños
y de los héroes, cantan.

Todas duermen de materias
y señales garabateadas.
Padre Zodíaco las toca
con el Toro y la Balanza.
¡Y como, dormidas, siguen
cavando o moliendo caña,
Jesucristo las toma y retiene
entre las suyas hasta el Alba!

Sonetos de la poda

I. Poda de rosal

En el rosal, zarpado y poderoso
como Holofernes vegetal, entraron
mis pulsos del acero iluminados
a herir con seco golpe numeroso.

Yacen bajo el rosal sus dolorosos
miembros como algas de la marejada
y entra la luz en madre alborotada
por las ramas abiertas y dichosas.

Tiene, como Roldán, setenta heridas
el rosal mío y se las seca el viento,
pero quedan mis manos, del violento,
como por lengua de león lamidas.

Caen y restan en la maravilla
de un descanso perfecto abandonadas
y grito al ver las dos ensangrentadas
salamandras que tengo en las rodillas.

II. Poda de almendro

Podo el menudo almendro contra el cielo
con una mano pura y acendrada,
como se palpa la mejilla amada
con el semblante alzado del anhelo.

Como creo la estrofa verdadera
en que dejo correr mi sangre viva,

pongo mi corazón a que reciba
la sangre inmensa de la primavera.

Mi pecho da al almendro su latido
y el tronco oye, en su médula escondido,
mi corazón como un cincel profundo.

Todos los que me amaban me han perdido,
y es mi pecho, en almendro sostenido,
la sola entrega que yo doy al mundo.

III. Hijo Árbol

El árbol invernal se estampa sobre
el cielo azul, como el perfil de Erasmo
de Rotterdam, absorto por el pasmo
de su dureza y su enjutez de cobre.

Más noble así que si estuviera vivo
de frondazón sensual, con su severa
forma que aguarda a la ancha primavera
en su perfil de Erasmo pensativo.

Mas yo lo podo con amargo brío
por darle gesto como a un hijo mío
hasta que se me vuelva criatura.

Y al cielo que bosteza de su hastío
y al paisaje sin escalofrío
lo entrego como norma de amargura.

ÚLTIMO ÁRBOL

Esta solitaria greca
que me dieron en naciendo:
lo que va de mi costado
a mi costado de fuego.

Lo que corre de mi frente
a mis pies calenturientos;
esta Isla de mi sangre,
esta parvedad de reino.

Yo lo devuelvo cumplido
y en brazada se lo entrego
al último de mis árboles,
a tamarindo o a cedro.

Por si en la segunda vida
no me dan lo que ya dieron
y me hace falta este cuajo
de frescor y de silencio.

¡Y yo paso por el mundo
en sueño, carrera o vuelo,
en vez de umbrales de casas,
quiero árbol de paradero!

Le dejaré lo que tuve
de ceniza y firmamento,
mi flanco lleno de hablas
y mi flanco de silencio.

Soledades que me di,
soledades que me dieron,

y el diezmo que pagué al rayo
de mi Dios dulce y tremendo.

Mi juego de toma y daca
con las nubes y los vientos,
y lo que supe, temblando,
de manantiales secretos.

¡Ay, arrimo tembloroso
de mi Arcángel verdadero,
adelantado en las rutas
con el ramo y el ungüento!

Talvez ya nació y me falta
gracia de reconocerlo,
o sea el árbol sin nombre
que cargué como a hijo ciego.

A veces cae a mis hombros
una humedad o un oreo
y veo en contorno mío
el cíngulo de su ruedo.

Pero talvez su follaje
ya va arropando mi sueño
y estoy, de muerta, cantando
debajo de él, sin saberlo.

El regreso

Desnudos volveremos a nuestro Dueño,
manchados como el cordero
de matorrales, gredas, caminos,
y desnudos volveremos al abra
cuya luz nos muestra desnudos:
y la Patria del arribo
nos mira fija y asombrada.

Pero nunca fuimos soltados
del coro de las Potencias
y de las Dominaciones,
y nombre nunca tuvimos
pues los nombres son del Único.

Soñamos madres y hermanos,
rueda de noches y días
y jamás abandonamos
aquel día sin soslayo.
Creímos cantar, rendirnos
y después seguir el canto;
pero tan sólo ha existido
este himno sin relajo.

Y nunca fuimos soldados
ni maestros ni aprendices,
pues vagamente supimos
que jugábamos al tiempo
siendo hijos de lo Eterno.
Y nunca esta Patria dejamos,
y lo demás, sueños han sido,
juegos de niños en patio inmenso:
fiestas, luchas, amores, lutos.

Y la muerte fue mentira
que la boca silabeaba;
muertes en lechos o caminos,
en los mares o en las costas;
pequeñas muertes en que cerrábamos
ojos que nunca se cerraron.

Dormidos hicimos rutas
y a ninguna parte arribábamos,
y al Ángel Guardián rendimos
con partidas y regresos.

Y los Ángeles reían
nuestros dolores y nuestras dichas
y nuestras búsquedas y hallazgos
y nuestros pobres duelos y triunfos.

Caíamos y levantábamos,
cocida la cara de llanto,
y lo reído y lo llorado,
y las rutas y los senderos,
y las partidas y los regresos,
las hacían con nosotros,
el costado en el costado.

Mandaban y obedecíamos
con rostro iracundo o dichoso
y el arribo no llegaba
a unas dichas casquivanas
si asomaban, no descendían.

Y los oficios jadeados
nunca, nunca los aprendíamos:
el cantar, cuando era el canto,
en la garganta roto nacía.

Y sólo en el sueño profundo
como en piedra santa dormíamos
y algo soñábamos que entendíamos
para olvidarlo al otro día,
y recitábamos Padrenuestros
a los Ángeles que sonreían.

De la jornada a la jornada
jugando a la huerta, a ronda, o canto,
al oficio sin Maestro,
a la marcha sin camino,
y a los nombres sin las cosas
y a la partida sin el arribo
fuimos niños, fuimos niños,
inconstantes y desvariados.

Y baldíos regresamos,
¡tan rendidos y sin logro!
balbuceando nombres de "patrias"
a las que nunca arribamos.
Y nos llamaban forasteros
¡y nunca hijos, y nunca hijas!

RECADO TERRESTRE

Padre Goethe que estás sobre los cielos
entre los Tronos y Dominaciones
y duermes y vigilas con los ojos
por la cascada de tu luz rasgados:
si te liberta el abrazo del Padre,
rompe la Ley y el cerco del Arcángel,
y aunque te den como piedra de escándalo,
abandona los coros de tu gozo,
bajando en ventisquero derretido
o albatros libre que llega devuelto.

Parece que te cruza, el Memorioso,
la vieja red de todas nuestras rutas
y que te acuden nombres sumergidos
para envolverte en su malla de fuego:
Tierra, Deméter, y Gea y Prakriti.
Tal vez tú nos recuerdes como a fábula
y, con el llanto de los trascordados,
llores recuperando al niño tierno
que mamó leches, chupó miel silvestre,
y quebró conchas y aprendió metales.

Tú nos has visto en hora de sol lacio
y el Orión y la Andrómeda disueltos
acurrucarnos bajo de tu cedro,
parecidos a renos atrapados
o a bisontes cogidos del espanto.

Somos, como en tu burla visionaria,
la gente de la boca retorcida
por lengua bífida, la casta ebria
del "sí" y el "no", la unidad y el divorcio,

aun con el Fraudulento mascullando
miembros tiznados de palabras tuyas.

Todavía vivimos en la gruta
la luz verde sesgada de dolo,
donde la Larva procrea sin sangre
y funden en Madrépora los pólipos.
Y hay todavía en grasas de murciélago
y en plumones morosos de lechuzas,
una noche que quiere eternizarse
para mascar su betún de tiniebla.

Procura distinguir tu prole lívida
medio Cordelia loca y medio Euménide.
Todo hallarás igual en esta gruta
nunca lavada de salmuera acérrima.
Y vas a hallar, Demiurgo, cuando marches,
bajo cubo de piedra, la bujeta
donde unos prueban mostaza de infierno
en bizca operación de medianoche.

Pero será por gracia de este día
que en percal de los aires se hace
paro de viento, quiebro de marea.
Como que quieres permear la Tierra,
sajada en res, con tu río de vida,
y desalteras al calenturiento
y echas señales al apercibido.
Y vuela el aire un guiño de respuesta
un sí-es no-es de albricias, un vilano,
y no hay en lo que llega a nuestra carne
tacto ni sacudida que conturben
sino un siseo de labio amoroso
más delgado que silbo: apenas habla.

V

Poema de Chile

POEMA DE CHILE
Editorial Pomaire
Barcelona, España
1967

EN TIERRAS BLANCAS DE SED

En tierras blancas de sed
partidas de abrasamiento,
los Cristos llamados cactus
vigilan desde lo eterno.

Soledades, soledades,
desatados peladeros.
La tierra crispada y seca
se aparea con sus muertos,
y el espino y el espino
braceando su desespero,
y el chañar cociendo el fruto
al sol que se lo arde entero.

Y en el altozano
y en las quebradas como aperos
tirados como tendal,
tumbados de buhoneros,
aldeas y caseríos
llenos de roña y misterio.

Locos repechos, bajadas
como para niño y ciervo,
pero apenas un bocillo
de pastos de trecho en trecho
y caseríos callados
a medio alzarse, de miedo,
bajo el viento que los lleva
y que los suelta en dos tiempos.

Y otras tierras desolladas
en Bartolomés inmensos,

de un costado desangradas,
del otro en tendido incendio.
Y otra y otra vez aldeas
acurrucadas, friolentas,
con techo de paja
y huyendo y permaneciendo.

Tienen sed el cabrerío,
el olivillo y la salvia,
el pasto de cortos dedos
y el cuarzo y el cuellecillo
de muchachito y el ciervo.
Miseria de higuera sola
azuleando higos cenceños
y de tunal en que araña
a tientas un rapazuelo
y de mujeres que vuelcan
las "gamelas" y los tiestos
y el umbral empedernido:
toda la Tierra y el cielo.

Claman ¡agua!, silabean
¡agua! durmiendo o despiertos.
La desvarían tumbados
o en pie, con substancia y miembros.
Y agua que les van a dar
a los tres entes pasajeros
con garganta que nos arde
y los costados resecos.

Cruzamos, pasamos, blancos
de puna y de polvo suelto,
del resuello de la Gea
y el sol blanco de ojo ciego
y repetimos los tres
callando, de pecho adentro;

Agua de Dios, un cadejo
de nube, un hilillo fresco.

El agua en sorbo o en hebra,
sonando su silabeo,
merced al hilo de agua
delgada, piedad de estero,
mejor que el oro y la plata
y el amor dado y devuelto.

No se me doble el huemul
al que le blanquea el belfo
y no me mire el diaguita
que me rompe su deseo.
Un poco más y ella salta
con sus ojos azulencos
y van a beber de bruces
con risadas de contento
más doblados que sus cuellos
iguales en ciervo y ciervo.

Se paran, o siguen y arden,
callan y laten enteros;
y el soplo que yo les doy
no les vale, de ser fuego.

Apunta sí el "ojo de agua",
ya en lo bajo del faldeo;
yo no sé, no, si es verdad
o mentira del deseo.
Está redondo y perfecto,
está en anillo pequeño;
brilla pequeñito y quieto
con dos párpados de hierba
y el ojo a nosotros vuelto

asombrado de sí mismo,
sin voz, pero con destello
milagro tardío y cierto.

¡Cómo beben, cómo beben,
que yo les oigo los cuellos!
Y bebiendo son iguales
el con belfo y el sin belfo.
La lengüecilla rosada
apura su terciopelo
y el niño bebió con toda
su cara que tomo y seco.

ATACAMA

En arribando a Coquimbo
se acaba el Padre-desierto,
queda atrás como el dolor
que nos mordió mucho tiempo,
queda con nuestros hermanos
que en prueba lo recibieron
y que después ya lo amaron
como ama sin ver el ciego.

El sol ya coció su piel
y olvidaron verdes huertos
como la mujer que olvida
amor feliz por infiernos
o el penitente que tumba
(..)*

No vuelvan atrás los ojos
pero guarden el recuerdo
de los que doblados tapan
sal parecida al infierno,
la hallan y la regustan
en el yantar, en el dejo,
y son como ella los hizo
de los pies a los cabellos,
y la terca sal los guarda
íntegros hasta de muertos.
¡Qué dura tiene la índole
sal sin ola y devaneo,
pero que noble los guardas
enteros después de muertos!

*Falta verso en el texto original. (Nota del antologador).

Vamos dejando el cascajo
y las arenas de fuego,
y vamos dando la cara
a olores que trae el viento
como que, apuntando el agua,
vuelva nuestro ángel devuelto.

LA CHINCHILLA

Te traje por andurriales,
dejando a la bien querida,
la Madre y Señora Ruta,
madre tuya y madre mía.
Ahora que hagas paciencia,
vamos siguiendo una huida.

—¿A quién, di, mama antojera,
rebuscas con picardía?

—Calla, calla, no la espantes:
por aquí huele a chinchilla.

—¡Oh! las mentaba mi madre;
pero esas tú no las pillas.
Pero ahora es el correr
y volar, ¡mírala, mírala!

—¿No la ves que va delante?
¡ay qué linda y qué ladina!

—¿Qué ves, di qué se te ocurre?

—Corre, corre, ¡es la chinchilla!

—Yo veo una polvareda
y tú como loca gritas.
Queda atrás que yo la sigo,
suéltame que ya la alcanzo.
¿Quién pierde cosa tan linda?
Calla, para, yo la atrapo.
Escapó, mírala, mírala,

ya se pierde en unas quilas.
¡Que no se la logre un pícaro!
Es la chilena más linda.

Su bulto me lo estoy viendo
en las hierbas que palpitan.

—Tú la quieres y, ¿por qué
dejas que otros la persigan?

—Ja, ja, ja. Yo soy fantasma,
pero cuando era una viva,
nunca me tuve la suerte
de ser en rutas oída.
Tampoco en casas ni huertos.
¿Por qué tan triste me miras?

—Mira la raya que deja
sobre los trigos la huida.

—No rías tú, tal vez tienen
un ángel las bestiecitas.
¿Por qué no? ¿Cómo es, chiquitito,
que todavía hay hermana chinchilla?
Las hostigan y las cogen.
Quien las mira las codicia,
los peones, los chiquillos,
el zorro y la lobería.

—Oye, ¿la mentaste hermana?

—Sí, por el hombre Francisco
que hermanita le decía
a todo lo que miraba
y daba aliento u oía.

—Eso, eso me lo cuentas
largo y tendido otro día.
Ahora, mama, tengo pena
de no mirar cosa viva.
Tú caminas sin parar
y yo me pierdo lo que iba,
apenas me alcanzo a ver,
veo aguas y bestiecitas.

MONTAÑAS MÍAS

En montañas me crié
con tres docenas alzadas.
Parece que nunca, nunca,
aunque me escuche la marcha,
las perdí, ni cuando es día
ni cuando es noche estrellada,
y aunque me vea en las fuentes
la cabellera nevada,
las dejé ni me dejaron
como a hija trascordada.

Y aunque me digan el mote
de ausente y de renegada,
me las tuve y me las tengo
todavía, todavía,
y me sigue su mirada.

VALLE DE ELQUI

Tengo de llegar al Valle
que su flor guarda el almendro
y cría los higuerales
que azulan higos extremos,
para ambular a la tarde
con mis vivos y mis muertos.

Pende sobre el Valle, que arde,
una laguna de ensueño
que lo bautiza y refresca
de un eterno refrigerio
cuando el río de Elqui merma
blanqueando el ijar sediento.

Van a mirarme los cerros
como padrinos tremendos,
volviéndose en animales
con ijares soñolientos,
dando el vagido profundo
que les oigo hasta durmiendo,
porque doce me ahuecaron
cuna de piedra y de leño.

Quiero que, sentados todos
sobre la alfalfa o el trébol,
según el clan y el anillo
de los que se aman sin tiempo
y mudos se hablan sin más
que la sangre y los alientos.

Estemos así y duremos,
trocando mirada y gesto

en un repasar dichoso
el cordón de los recuerdos,
con edad y sin edad,
con nombre y sin nombre expreso,
casta de la cordillera,
apretado nudo ardiendo,
unas veces cantadora,
otras, queda en silencio.

Pasan, del primero al último,
las alegrías, los duelos,
el mosto de los muchachos,
la lenta miel de los viejos;
pasan, en fuego, el fervor,
la congoja y el jadeo,
y más, y más: pasa el Valle
a curvas de viboreo,
de Peralillo a La Unión,
vario y uno y entero.

Hay una paz y un hervor,
hay calenturas y oreos
en este disco de carne
que aprietan los treinta cerros.
Y los ojos van y vienen
como quien hace el recuento,
y los que faltaban ya
acuden, con o sin cuerpo,
con repechos y jadeados,
con derrotas y denuedos.

A cada vez que los hallo,
más rendidos los encuentro.
Sólo les traigo la lengua
y los gestos que me dieron
y, abierto el pecho, les doy
la esperanza que no tengo.

Mi infancia aquí mana leche
de cada rama que quiebro
y de mi cara se acuerdan
salvia con el romero
y vuelven sus ojos dulces
como con entendimiento
y yo me duermo embriagada
en sus nudos y entreveros.

Quiero que me den no más
el guillave de sus cerros
y sobar, en mano y mano,
melón de olor, niño tierno,
trocando cuentos y veras
con sus pobres alimentos.

Y, si de pronto mi infancia
vuelve, salta y me da al pecho,
toda me doblo y me fundo
y, como gavilla suelta,
me recobro y me sujeto,
porque ¿cómo la revivo
con cabellos cenicientos?

Ahora ya me voy, hurtando
el rostro, porque no sepan
y me echen los cerros ojos
grises de resentimiento.

Me voy, montaña adelante,
por donde van mis arrieros,
aunque espinos y algarrobos
me atajan con llamamientos,
aguzando las espinas
o atravesándome el leño.

EL CUCO

La siesta de los cinco años
el Cuco me la punteaba.
Él no volaba mi rostro
ni picoteaba mi espalda.
Yo no sé de dónde el tierno
sus dos sílabas mandaba
o las dejaba caer
de alguna escondida rama.
Pero a la siesta, a la siesta,
esas dos me adormilaban,
dos no más, pero insistentes
como burlona llamada.
Y la lana de mi sueño
ya era lana agujereada.
Y la mata de mi sombra
se abría de su lanzada.

Cuco-Cuco al mediodía,
y en la tarde ensimismada,
Cuco-Cuco a medio pecho,
Cuco-Cuco a mis espaldas.
¿Por qué no ponía nunca
otra sílaba inventada?

Cuco pico entrometido,
Cuco nieto de un solo árbol,
siempre en una misma rama
y nunca de ella abajado,
Cuco ni blanco ni rojo,
ni azul. ¡Pobre Cuco pardo!

Ya no duermo bajo árbol
que tenga Cuco en las ramas

ni al sol ni a la luna juegan
conmigo las que jugaban.
Burladas y burladoras
en los trances de la danza.

Pero donde es Montegrande
nunca se rompió la danza
ni el Cuco falló a la cita
en higuerales ni chacras,
¡ni a mí me faltó al dormir
el Cuco de mis infancias!

Huerta

—Niño, tú pasas de largo
por la huerta de Lucía,
aunque te paras, a veces,
por cualquiera nadería.

¿Qué le miras a esa mata?
Es cualquier pasto. ¡Camina!

—¿Qué? es la huerta de Lucía.
Tan chica, mama, y sin árboles.
¿Qué haces ahí, mira y mira?
Esa vieja planta todo.
Por vieja, tendrá manías.

—Tontito mío. Es la albahaca.
¡Qué buena! ¡Dios la bendiga!

—Pero si no es más que pasto,
mama. ¿Por qué la acaricias?

—Le oí decir a mi madre
que la quería y plantaba
y la bebía en tisana,
le oí decir que alivia
el corazón, y eran ciertas
las cosas que ella nos contaba.

—¿Por qué entonces no la coges?

—Chiquito, soy un fantasma
y los muertos, ya olvidaste,
no necesitan de nada.

—¡Ay, otra vez, otra vez
me dices esa palabra!

—¿Cómo te respondo entonces
a tantas cosas que me hablas?

—Mama, oye: algunas veces
me lo creo, otras veces, nada.
Me dices que te moriste
pero hablas tal como hablabas.
Cuando voy solo y con miedo,
siempre vienes y me alcanzas,
casi nada has olvidado
¡y caminas tan ufana!
¿Por qué te importan, por qué
todavía hasta las plantas?

—Chiquito, yo fui huertera.
Este amor me dio la mama.
Nos íbamos por el campo
por frutas o hierbas que sanan.
Yo le preguntaba andando
por árboles y por matas
y ella se los conocía
con virtudes y con mañas.

Por eso te atajo cuando
te allegas a hierbas malas.
Esta Patria que nos dieron
apenas cría cizañas,
gracias le daba al Señor
por todo y por esta hazaña.
Le agradecía la lluvia,
el buen sol, la trebolada,
la lluvia, la nieve, el viento
norte que nos trae el agua.

Le agradecía los pájaros,
la piedra en que descansaba,
y el regreso del buen tiempo.
Todo lo llamaba "gracia".

—¿Gracia? ¿Qué quiere decir?

El MAR

—Mentaste, Gabriela, el Mar
que no se aprende sin verlo
y esto de no saber de él
y oírmelo sólo en cuento,
esto, mama, ya duraba
no sé contar cuánto tiempo.
Y así de golpe y porrazo,
él, en brujo marrullero,
cuando ya ni hablábamos de él
apareció en loco suelto.

Y ahora va a ser el único:
Ni viñas ni olor de pueblos,
ni huertas ni araucarias,
sólo el gran aventurero.
Déjame, mama, tenderme,
para, para, que estoy viéndolo.
¡Qué cosa bruja, la mama!
y hace señas entendiendo.
Nada como ése yo he visto.
Para, mama, te lo ruego.
¿Por qué nada me dijiste
ni dices? Ay, dime, ¿es cuento?

—Nadie nos llamó de tierra
adentro: sólo éste llama.
—¡Qué de alboroto y de gritos
que haces volar las bandadas!
Calla, quédate, quedemos,
échate en la arena, mama.
Yo no te voy a estropear
la fiesta, pero oye y calla.

¡Ay, qué feo que era el polvo,
y la duna qué agraciada!

—Échate y calla, chiquito,
míralo sin dar palabra.
Oyele él habla bajito,
casi casi cuchicheo.

—Pero, ¿qué tiene, ay, qué tiene
que da gusto y que da miedo?
Dan ganas de palmotearlo
braceando de aguas adentro
y apenas abro mis brazos
me escupe la ola en el pecho.
Es porque el pícaro sabe
que yo nunca fui costero.
O es que los escupe a todos
y es Demonio. Dilo luego.

Ay, mama, no lo vi nunca
y, aunque me está dando miedo,
ahora de oírlo y verlo,
me dan ganas de quedarme
con él, a pesar del miedo,
con él, nada más, con él,
ni con gentes ni con pueblos.
Ay, no te vayas ahora,
mama, que con él no puedo.
Antes que llegue, ya escupe
con sus huiros el soberbio.

—Primero, óyelo cantar
y no te cuentes el tiempo.
Déjalo así, que él se diga
y se diga como un cuento.

Él es tantas cosas que
ataranta a niño y viejo.
Hasta es la canción de cuna
mejor que a los niños duerme.
Pero yo no me la tuve,
tú tampoco, mi pequeño.
Míralo, óyelo y verás:
sigue contando su cuento.

Palmas de Ocoa

Recto caminamos como
los que llevan derrotero,
según volaba la flecha
del indio, loca de cielo
por el país que parece
dulce corredor eterno.
Pero va llegando ahora
un llamado, un palmoteo.

Son las palmeras de Ocoa
lo que se viene en el viento,
son unas hembras en pie,
altas como gritos rectos,
a la hora de ir cayendo
en el mes de su saqueo,
y las demás dando al aire
un duro y seco lamento.
Y son heridas que manan
miel de los flancos abiertos,
y el aire todo es ferviente
y dulce es, y nazareno,
por las reinas alanceadas
que aspiramos y no vemos.

Caminamos respirándolas
la mujer, el indio, el ciervo,
y llorándolas los tres
de amor y duelo diversos.
El que más sabe es el indio;
el que oye mejor, el ciervo;
y yo trato en estos hijos
por gracia de ambos, sabiendo.

VALLE DE CHILE

Al lindo Valle de Chile
se le conjuga en dos tiempos:
él es heroico y es dulce,
tal y como el viejo Homero;
él nunca muerde con soles
rojos ni con largos hielos,
él se apellida templanza,
verdor y brazos abiertos.

Para repasarlo, yo
que lo dejé, siempre vuelvo
a besarlo sobre el lago
mayor y el oscuro pecho
y me echa un vaho de vida
el respiro de sus huertos.

Él da mieles a la palma,
funde su damasco denso
y le inventa doce tribus
al canon del duraznero
y al manzanar aureola
de un pudor de aroma lento.

Y las pardas uvas vuelve
lapislázuli, oros viejos,
tú, larga Gea chilena,
contra-Canidia, ojos buenos,
consumada al tercer día,
prefigurada en los Cielos.

FRUTAS

El Valle Central está,
como los mostos, ardiendo
de pomar, de duraznales
y brazos de cosecheros
a trabazones de olores,
coloración y fermentos.

Los tendales de la fruta
llaman con verdes sangrientos
y a golpes de olor confiesan
los pomares y el viñedo,
y frutillares postrados
sueltan por el entrevero
un trascender que enternece
por lo sutil y lo denso.

Todo se mueve en un vaho
que nos pone el andar lento
por ver y por aspirar
en lo emboscado o confeso
y atisbar rostros y espaldas
volteados, de cosecheros.

Los troncos parecen vivos
de mozuelos y mozuelas
que trepan y que despojan
a saltos y a lagarteos.

Y los cestos van y vienen
con el peso y el arqueo
del vientre de nuestras madres
y son maravillamientos

la piel del albaricoque,
la pera, la piña al viento.

Lindas que pasan las granjas,
trascendedores los huertos;
pero nosotros no somos
ni señores ni pecheros
y nos vamos adentrando,
a maña y a manoteo,
en busca de hierbas locas,
altamisas y poleos,
en la greña y la maraña
por antojo nos perdemos,
entreabierto y pellizcando
pastos que no supo Homero.

MANZANILLAS

Ellas cogen, cogen, cogen,
sin manos las manzanillas,
y son no más que juguetes
del aire, o no más que niñas.

Apenas dejan detrás
al viejo con lagrimeo,
apenas van don Invierno
a meterse en su agujero,
haciendo "las que son nada"
ni van a ser en el huerto,
se están viniendo, se vienen
y apuntan como en secreto.

Tan negra, tan fea y muda
que Mama-Tierra parece
y de donde irán subiendo
las que de pronto aparecen.
Ay, les torcimos el nombre
y ni llamadas se vienen.
Y cuelli-alzadas y atentas,
ya no miran ni se vuelven.
Cuando pasamos mentándolas
apenas si se estremecen.

Margaritas, margaritas,
no aquellas otras que huelen
y viven sólo en jardines
como quien todo merece.
Esas son las tuberosas
y son si acaso son parientes.

Las margaritas son estas
cuyas cabecitas juegan
como al aire que las tiene
no deja, no, que sosieguen.

—Pero ¿por qué, por qué, di,
toman su nombre las gentes?

—Las gentes, esas se nombran
así, así, por parecérseles.

—Mira, mío, qué ocurrencia
eso de hacerlas mujeres,
con nosotras nunca el aire,
ay, ay, así juguetea.

—Todos las cortan ¿por qué
tu niño no ha de cogerla?

—Yo no he visto que las gentes
las pongan nunca en macetas.

—Déjalas. Bien hasta que
Dios las siembre y las florezca.
Tanto le gustan a Él
que en todas partes las siembra,
como un loco, Tata Dios
en el aire las volea.

—Si te paras, si paramos,
algún día, alguno, ¡ea!
las vamos a sembrar, mama,
al lado y lado en la huerta.

—No sembramos los fantasmas.

—¡Ah, de veras, pobrecita!
¿Lloras por eso? ¿Es que lloras?

—Sí, porque quise la Tierra
y no sembré.

CHILLÁN

La ciudad de amasanderas,
curtidores y alfareros,
tiene tendones heridos
y un no sé qué de lo huérfano,
y a medio alzarse nos cuenta
de su tercer nacimiento.

El Volcán baja a buscarla
como quien busca su oreo.
Pero ella, que es mujer,
le hurta el abrazo tremendo,
y de todo tiempo dura
su amor sin aplacamiento.

Él juega en todas las rondas,
vuelto niño de su tiempo.
Da a Eduardo su romance
y a Manuel sopla sus cuentos
y a Pablo le hace cantar
su más feliz canto nuevo.

Él baja por no olvidar
la Cordillera,
la madraza araucaria,
la feria del chillanejo.

Y cuando baja, lo sigue
por la vertical del vuelo
Doña Isabel, y se adentra
por éste y el otro pueblo
donde un corro de mujeres
baila bailes de su tiempo;

y entre una y otra danza,
nos averigua si habemos
más pan, más leche y contento.
Y ahora le vamos a contar
que cunden cosas y puertos.

Doña Isabel se retarda,
Bernardo vuelve contento
y después, después, los dos
vuelven tejiendo el comento.

En la presencia callada
y viva, es el largo aliento
de uno que vive en
mundo como un sacramento
que en la caída nos alza
y en la lentitud da el vuelo.
Él frecuenta a los ancianos
y llega a los nacimientos,
y acude a las bodas
y amortaja a nuestros muertos.

Por la feria de Chillán
donde rebrillan en cercos
maíces, volaterías,
riendas, estribos, aperos,
cruzaremos sin pararnos
y azuzados del deseo,
porque la que va en fantasma
voz no lleva ni dineros.

Arden eras chillanejas.
Todo Chillán es fermento.
Toda su tierra parece
ofrenda, fervor, sustento,
y salta una llamarada

que nos da a mitad del pecho.
Ternuras balbuceamos
al Padre, oídos abiertos,
y Él mira y oye a sus tres
carrizos calenturientos.

Dejen que lo mire largo
en el último reencuentro,
que lo beba fijamente
hasta que imposible sea verlo
y que sus memorias vayan
bajando como en deshielo.

Por esta tierra que mira
con pestañas abrasadas
y unos barbechos de oro
y un trascender de retamas.
Encumbraría el Bernardo
cometas pintarrajeados,
mestizo de ojos de lino,
hombros altos, cejas bravas.

Voces de doña Isabel
venían en la venteada.
Pero tirado en maíces
el mozo oía otras hablas,
la oreja puesta en la tierra
y la vista desvariada.
Al otro grito de cimarrón
apenas se enderezaba,
y volvía a dar la oreja
a la greda y a las pajas
y a lo que ellas le decían.

Doña Isabel lo quería
suyo y lo mismo la Parda,
y el Bernardo entre las dos

como un junquillo temblaba.
La Parda se lo luchaba
y de vuelta, trascordado,
las dos sílabas mascaba
y sería de esa brega
la luz que lo iluminaba.

SALTO DEL LAJA

Salto del Laja, viejo tumulto,
hervor de las flechas indias,
despeño de belfos vivos,
majador de tus orillas.

Avientas las rocas, rompes
tu tesoro, te avientas tú misma,
y por vivir y por morir,
agua india, te precipitas.

Cae y de caer no acaba
la cegada maravilla,
cae el viejo fervor terrestre,
la tremenda Araucanía.

Juegas cuerpo y juegas alma;
caes entera, agua suicida;
caen contigo los tiempos,
caen gozos con agonías,
cae la mártir indiada,
y cae también mi vida.

Las bestias cubres de espumas;
ciega las liebres tu neblina,
y hieren cohetes blancos
mis brazos y mis rodillas.

Te oyen caer los que talan,
los que hacen pan o que caminan,
los que duermen no están muertos,
o dan su alma o cavan minas
o en los pastos y las lagunas
cazan el coipo y la chinchilla.

Cae el ancho amor vencido,
medio dolor, medio dicha,
en un ímpetu de madre
que a sus hijos encontraría.

Y te entiendo y no te entiendo,
Salto del Laja, vocería,
vaina de antiguos sollozos
y aleluya que cae rendida.

Salto del Laja, pecho blanco
y desgarrado, Agua Antígona,
mundo cayendo sin derrota,
Madre, cayendo sin mancilla.

Me voy con el río Laja,
me voy con las locas víboras,
me voy por el cuerpo de Chile;
doy vida y voluntad mías;
juego sangre, juego sentidos
y me entrego, ganada y perdida.

Bío-Bío

—Paremos que hay novedad.
¡Mira, mira el Bío-Bío!

—¡Ah! mama, párate, loca,
para, que nunca lo he visto.
¿Y para dónde es que va?
No para y habla bajito,
y no me asusta como el mar
y tiene nombre bonito.

—¡No te acerques tanto, no!
Échate aquí, loco mío,
y óyelo no más.
Podemos quedar con él
una semana si quieres,
si no me asustas así.

—¿Cómo dices que se llama?
Repite el nombre bonito.

—Bío-Bío, Bío-Bío,
qué dulce que lo llamaron
por quererle nuestros indios.

—Mama, ¿por qué no me dejas
aquí, por si habla conmigo?
Él casi habla. Si tú paras
y si me dejas contigo,
yo sabré lo que nos dice,
por si me vuelve amigo.
¡Qué de malo va a pasarme,
Mama! Corre tan tranquilo.

—No, no chiquito, él ahoga,
a veces gente y ganados.
Oyelo, sí, todo el día,
loquito mío, antojero.

Yo no quiero que me atajen
sin que vea el río lento
que cuchichea dos sílabas
como quien fía secreto.
Dice Bío-Bío, y dícelo
en dos estremecimientos.
Me he de tender a beberlo
hasta que corra en mis tuétanos.

Poco lo tuve de viva;
ahora lo recupero
la eterna canción de cuna
abajada a balbuceo.
Agua mayor de nosotros,
red en que nos envolvemos,
nos bautizas como Juan,
y nos llevas sobre el pecho.

Lava y lava piedrecillas,
cabra herida, puma enfermo.
Así Dios dice y responde,
a puro estremecimiento,
con suspiro susurrado
que no le levanta el pecho.
Y así los tres le miramos,
quedados como sin tiempo,
hijos amantes que beben
el tu pasar sempiterno.
Y así te oímos los tres,
tirados en pastos crespos

y en arenillas que sumen
pies de niño y pies de ciervo.

No sabemos irnos, ¡no!
cogidos de tu silencio
de Ángel Rafael que pasa
y resta y dura asistiendo,
grave y dulce, dulce y grave,
porque es que bebe un sediento.

Dale de beber tu sorbo
al indio y le vas diciendo
el secreto de durar
así, quedándose y yéndose,
y en tu siseo prométele
desagravio, amor y huertos.

Ya el ciervo te vadea,
a braceadas de foquero;
los ojos del niño buscan
el puente que mata el miedo,
y yo pasaré sin pies
y sin barcaza de remos,
porque más me vale, ¡sí!
el alma que valió el cuerpo.

Bío-Bío, espaldas anchas,
con hablas de Abel pequeño:
corres tierno, gris y blando
por tierra que es duro reino.
Tal vez, estás, según Cristo,
en la tierra y en los cielos,
y volvemos a encontrarte
para beberte de nuevo.

—Dime tú que has visto cosas
¿hay otro más grande y lindo?

—No lo hay en tierra chilena,
pero hay unos que no he dicho,
hay más lejos unos lagos
que acompañan sin decirlo
y hacia ellos vamos llegando
y ya pronto llegaremos.

CAMPESINOS

Todavía, todavía
esta queja doy al viento:
los que siembran, los que riegan,
los que hacen podas e injertos,
los que cortan y cargan
debajo de un sol de fuego
la sandía, seno rosa,
el melón que huele a cielo,
todavía, todavía
no tiene un "canto de suelo".

De tenerlo, no vagasen
como el vilano en el viento,
y de habérmelo tenido
yo no vagase como ellos,
porque nací, te lo digo,
para amor y regodeo
de sembrar maíz que canta,
de celar frutillas lento
o de hervir, tarde a la tarde,
arropes sabor de cielo.

Pero fue en vano de niña
la pela y el asoleo,
y en vano acosté racimos
en sus cajitas de cuento,
y en vano celé las melgas
de frutillares con dueño
porque mis padres no hubieron
la tierra de sus abuelos,
y no fui feliz, cervato,
y lo lloro hasta sin cuerpo,

sin ver las doce montañas
que me velaban el sueño,
y dormir y despertar
con el habla de cien huertos
y con la sílaba larga
del río adentro del sueño.

Reparto de tierra

Aún vivimos en el trance
del torpe olvido y el gran silencio,
entraña nuestra, rostros de bronce,
rescoldo del antiguo fuego,
olvidadosos como niños
y absurdos como los ciegos.

Aguardad y perdonadnos.
Viene otro hombre, otro tiempo.
Despierta Cautín, espera Valdivia,
del despojo regresaremos
y de los promete-mundos
y de los don Mañana-lo-haremos.

El chileno tiene brazo
rudo y labio silencioso.
Espera a rumiar tu Ercilla,
indio que mascas recuerdos
allí en tu selva madrina.
Dios no ha cerrado sus ojos,
Cristo te mira y no ha muerto.

Yo te escribo estas estrofas
llevada por su alegría.
Mientras te hablo mira, mira,
reparten tierras y huertas.
¡oye los gritos, los "vivas"
el alboroto, la fiesta!

¿Te das cuenta? ¡Entiende, mira!
Es que reparten la tierra
a los Juanes, a los Pedros.
¡Ve correr a las mujeres!

ARAUCANOS

Vamos pasando, pasando
la vieja Araucanía
que ni vemos ni mentamos.
Vamos, sin saber, pasando
reino de unos olvidados,
que por mestizos banales,
por fábula los contamos,
aunque nuestras caras suelen
sin palabras declararlos.

Eso que viene y se acerca
como una palabra rápida
no es el escapar de un ciervo
que es una india azorada.
Lleva a la espalda al indito
y va que vuela. ¡Cuitada!

—¡Por qué va corriendo, di,
y escabullendo la cara?
Llámala, tráela, corre
que se parece a mi mama.

—No va a volverse, chiquito,
ya pasó como un fantasma.
Corre más, nadie la alcanza.
Va escapada de que vio
forasteros, gente blanca.

—Chiquito, escucha: ellos eran
dueños de bosque y montaña
de lo que los ojos ven
y lo que el ojo no alcanza,

de hierbas, de frutos,
de aire y luces araucanas,
hasta el llegar de unos dueños
de rifles y caballadas.

—No cuentes ahora, no,
grita, da un silbido, tráela.

—Ya se pierde ya, mi niño,
de Madre-Selva tragada.
¿A qué lloras? Ya la viste,
ya ni se le ve la espalda.

—Di cómo se llaman, dilo.

—Hasta su nombre les falta.
Los mientan "araucanos"
y no quieren de nosotros
vernos bulto, oírnos habla.
Ellos fueron despojados,
pero son la Vieja Patria,
el primer vagido nuestro
y nuestra primera palabra.
Son un largo coro antiguo
que no más ríe y ni canta.
Nómbrala tú, di conmigo:
brava-gente-araucana.
Sigue diciendo: cayeron.
Di más: volverán mañana.

Deja, la verás un día
devuelta y transfigurada
bajar de la tierra quechua
a la tierra araucana,
mirarse y reconocerse
y abrazarse sin palabras.

Ellas nunca se encontraron
para mirarse la cara
y amarse y deletrear
sobre los rostros sus almas.

ARAUCARIAS

Doce son de todo tiempo
las madres-araucarias.
Cada leñador que cruza
quiere tumbar la parvada,
y halla que de la primera
mañana a la tarde canta
y hierve y bulle esta ronda
y nunca su canto para,
y las doce duran íntegras
por la gracia amadrinadas.
Cuando Dios repartió dones
y exhaló de sí la Gracia
y lento la fue exhalando
sobre el tendal de las plantas,
dicen que Él hizo a la última
la más feliz de las dádivas
y la última de todas
fue nuestra Madre Araucaria.

Desde entonces hasta hoy,
los cuatro vientos proclaman
a todo el que va cruzando
que en País de Extremo,
en lonja apenas montada,
vive la Madre y Señora
y Patrona Araucaria.

—A ver si nos acostamos
y dormimos siesta mansa
si ella nos regala el sueño
de Jacob y la Agraciada
bajo la mirada fija
de Madraza Araucaria.

—Niño, no sé si son veras
o no son las que te cuento,
pero yo le creo más
a gañán que a faroleros.

Tiene Juan casa tan triste
que sueña y cree en sus sueños
y cuentos crea dormido
y cuentos también, despierto.

—Mama, ¿todo lo que vos
estás contando es un cuento?

—A veces son grande veras
y otras, humos frioleros.

—Dame, entonces, de los dos;
pero dime si eso es cuento.

—Sigamos, el niño mío,
con el pino-sube-cielos
acordándote de que él
inventa y regala sueños.
¿A qué trocar por licores
el falerno que te dieron,
si el corazón, que es tu vino,
arde dentro de tu pecho?

Volcán Osorno

Volcán de Osorno, David
que te hondeas a ti mismo,
mayoral en llanada verde,
mayoral ancho de tu gentío.

Salto que ya va a saltar
y que se queda cautivo;
lumbre que al indio cegaba,
huemul de nieves, albino.

Volcán del Sur, gracia nuestra,
no te tuve y serás mío,
no me tenías y era tuya,
en el Valle donde he nacido.

Ahora caes a mis ojos,
ahora bañas mis sentidos,
y juego a hacerte la ronda,
foca blanca, viejo pingüino...

Cuerpo que reluces, cuerpo
a nuestros ojos caído,
que en el agua del Llanquihue
comulgan, bebiendo, tus hijos.

Volcán Osorno, el fuego es bueno
y lo llevamos como tú mismo
el fuego de la tierra india,
al nacer, lo recibimos.

Guarda las viejas regiones,
salva a tu santo gentío,

vela indiada de leñadores,
guía chilotes que son marinos.

Guía a pastores con tu relumbre,
Volcán Osorno, viejo novillo,
¡levanta el cuello de tus mujeres,
empina gloria de tus niños!

¡Boyero blanco, tu yugo blanco,
dobla cebadas, provoca trigos!
Da a tu imagen la abundancia,
rebana el hambre con gemido.

¡Despeña las voluntades,
hazte carne, vuélvete vivo,
quémanos nuestras derrotas
y apresura lo que no vino!

Volcán Osorno, pregón de piedra,
peán que oímos y no oímos,
quema la vieja desventura,
¡mata a la muerte como Cristo!

Lago Llanquihue

Lago Llanquihue, agua india,
antiguo resplandor terrestre,
agua vieja y agua tierna,
bebida de vieja gente,
agua fija como el indio
y como él fría y ardiente
y en su pecho de marinero
tatuada de señales verdes.

Bebo en tu agua lo que he perdido:
bebo la indiada inocente,
tomo el cielo, tomo la tierra,
bebo la patria que me devuelves.

Cincuenta años esperamos,
tú con agua, yo con sedes
Lago Llanquihue, mi capitán,
te llego antes de mi muerte,
con la boca me dieron,
agua mía para beberte.

Baja y suelta por mi pecho
el agua blanda, el agua fuerte,
entrabada de los helechos
y las quilas medio-serpientes.

Baja recta, agua querida,
baja entera en hebras fieles,
baja lenta, baja rápida,
y me sacies y me entregues
el cielo mío, los limos míos
y la sangre de toda mi gente.

Bebo quieta lo que me das,
igual que bebe, curvado, el ciervo,
bebo pausada, regustándote,
bebo y sólo sé que te bebo.

Perdón de tu frente rota,
perdón de tu surco abierto.
Como el niño y el huemul
porque te amo te quiebro.

Lago Llanquihue, arcángel
que se me da prisionero,
gesto que mi antojo sirves,
abajadura del cielo,
doblada y caída, no hablo,
cegada de sorbo ciego,
y de ser tuya nada digo:
te bebo, te bebo, te bebo.

SELVA AUSTRAL

Algo se asoma y gestea
y de vago pasa a cierto,
un largo manchón de noche
que nos manda llamamientos
y forra el pie de los Andes
o en hija los va subiendo.

Por más que sea taimada,
la selva se va entreabriendo
y en rasgando su ceguera,
ya por nuestra la daremos.

Caen copihues rosados,
atarantándome al ciervo
y los blancos se descuelgan
en luz y estremecimiento.

Ella, con gestos que vuelan,
se va a sí misma creciendo;
se alza, bracea, se abaja,
echando oblicuo el ojeo;
sobre apretadas aurículas
y otras hurta con recelo,
y así va, la marrullera,
llevándonos magia adentro.

Sobre un testuz y dos frentes,
ahora palpita entero
un trocado cielo verde
de avellanos y canelos,
y la araucaria negra
toda brazo y toda cuello.

Huele el ulmo, huele el pino
y el humus huele tan denso
como fue el segundo día
cuando el soplo y el fermento.

Por la merced de la siesta
todo, exhalándose, es nuestro,
y el huemul corre alocado
o gira y se estrega en cedros,
reconociendo resinas
olvidadas de su cuerpo.

Está en cuclillas el niño,
juntando piñones secos
y espía a la selva que
mira en madre, consintiendo.
Ella, como que no entiende,
pero se llena de gestos,
como que es cerrada noche
pero hierve de siseos,
y como que está cribando
la lunada y los luceros.

Cuando es que ya sosegamos
en hojarascas y légamos,
van subiendo, van subiendo,
rozaduras, frotecillos,
temblores calenturientos,
el caer de las piñetas,
la resina, el gajo muerto,
pizcas de nido, una baya,
unas burlitas de estiércol.
Abuela silabeadora,
ya te entiendo, ya te entiendo.

Deshace redes y nudos,
abaja, abuela, el aliento;

pasa y repasa las caras,
cuélate de sueño adentro.
Yo me fui sin entenderte
y tal vez por eso vuelvo;
pero allá olvido a la Tierra
y, en bajando, olvido al Cielo.
Y así voy, y vengo, y vivo
a puro desasosiego.

La tribu de tus pinares
gime con oscuro acento
y se revuelve y voltea,
mascullando y no diciendo.
Eres una y eres tantas
que te tomo y que te pierdo,
y guiñas y silbas, burla
burlando y hurtas el cuerpo,
carcajeadora que escapas
y mandas mofas de lejos...
¡Ay! no te mueves, que tienes
los pies cargados de sueño.

Se está volteando el indio
y queda, pecho con pecho,
con la tierra, oliendo el rastro
de la chilla y el culpeo.
Que te sosieguen los pulsos,
aunque sea el puma abuelo.
Pasarían rumbo al agua,
secos y duros los belfos,
y en sellos vivos dejaron
prisa, peso y uñeteo.

El puma sería padre,
los zorrillos eran nuevos.
Ninguno de ellos va herido,
que van a galope abierto

y beberemos nosotros
sobre el mismo sorbo de ellos
.

Aliherido, el puelche junta
la selva como en arreo
y con resollar de niño
se queda en plata durmiendo.

Vamos a dormir, si es dable,
tú, mi atarantado ciervo,
y mi bronce silencioso,
en mojaduras de helechos,
si es que el puelche maldadoso
no vuelve a darnos manteo.

Que esta noche no te corra
la manada por el sueño,
mira que quiero dormirme
como el coipo en su agujero,
con el sueño duro de esta
luma donde me recuesto.

¡Ay, qué de hablar a dos mudos
más ariscos que becerros,
qué disparate no haber
cuerpo y guardar su remedo!
¡A qué me dejaron voz
si yo misma no la creo
y los dos que me la oyen
me bizquean con recelo!

Pero no, que el desvariado,
dormido, sigue corriendo.
Algo masculla su boca
en jerga con que no acierto
y el puelche ahora berrea
sobre los aventureros.

MAR DE CHILOÉ

Que vamos llegando al mar
ya se siente en el resuello
de chilote que remase
siempre y sin brazos ni remos
y llega, sin llegar, altos
y ensalmuerados los dedos.

¡Mar dicho por bufonada
Pacífico y llevadero,
que alza cinco marejadas
donde le dan regodeo,
greña suelta, gana suelta,
Mar de Chile sempiterno!

El huemul no le vio nunca;
el indio sí vio sus belfos
cuando avienta engendros locos
que le vamos recogiendo.
Y yo tanto le conozco
que casi en hija lo peino,
cuando, oscuro y poseído,
se pone a romper su pecho.

Y cuando de soledades
o de Pasión enloquezco,
él ríe de risa loca
salpicando mis cabellos
o me repasa las sienes
con peces dulces y trémulos
hasta que en la duna tierna
me deja, en niña, durmiendo.

El mar nos aviva el hambre
por dársenos en sustento
y ofrecernos como a reyes
peces, cháchara y festejo.

Un chilote vagabundo
de barca rota hace fuego
y al ciervo, loco de llamas,
apenas si lo sujeto
y me tengo de manearlo
con los huiros que destrenzo.

El viejo brazos curtidos
la red tira en un braceo
y a mi lado brilla una
conflagración de luceros
por las merluzas lunares
montadas en bagres feos
y los congrios que parecen
un poniente en tendedero.

No estamos muy ciertos, no,
de dormir si viene el Cuero
aupado en la marea
o atraca el Caleuche ardiendo,
y a los tres nos arrebata
su proa, de un manoteo.

¡Quedaremos dormitando,
oyendo al gran Loco Suelto,
el indio, lacio de ruta,
latiendo azorado el ciervo
y yo vuelta hacia la Patria
de hierba que tuve lejos!

PATAGONIA

A la Patagonia llaman
sus hijos la Madre Blanca.
Dicen que Dios no la quiso
por lo yerta y lo lejana,
y la noche que es su aurora
y su grito en la venteada
por el grito de su viento,
por su hierba arrodillada
y porque la puebla un río
de gentes aforesteradas.

Hablan demás los que nunca
tuvieron Madre tan blanca,
y nunca la verde Gea
fue así de angélica y blanca
ni así de sustentadora
y misteriosa y callada.
¡Qué Madre dulce te dieron,
Patagonia, la lejana!
Sólo sabida del Padre
Polo Sur, que te declara,
que te hizo, y que te mira
de eterna y mansa mirada.

Oye mentir a los tontos
y suelta tu carcajada.
Yo me la viví y la llevo
en potencias y en mirada.

—Cuenta, cuenta, mama mía
¿es que era cosa tan rara?
Cuéntala aunque sea yerta
y del viento castigada.

Te voy a contar su hierba
que no se cansa ni acaba,
tendida como una madre
de cabellera soltada
y ondulando silenciosa,
aunque llena de palabras.
La brisa la regodea
y el loco viento la alza.

No hay niña como la hierba
en abajar bulto y hablas
cuando va llegando el puelche
como gente amotinada,
y silba y grita y aúlla,
vuelto solamente su alma.

Es una niña en el gajo
y en el herbazal, matriarca.
Hierba, hierba, hierba sólo
niña hierba arrodillada,
hierba que teme y suspira,
y que canta así postrada.

Pequeñita hierba niña
voz de niña balbuceada.
Dulce y ancho es su fervor
y su voz es balbuceada.

El oscuro cielo mira
y oye a su hija arrodillada,
ya no son huertas sensuales,
mimadas y cortesanas,
locas de color y olor
y borrachas de palabras,
ya sólo es "Niña la Hierba",
"Ángel la Hierba", nonada,

una ondulación divina
y su alma balbuceada.

Niña la hierba, doncella
la hierba, corta palabra,
dos turnos no más y el mismo
subir y ser abajada.
Un solo y largo temblor
mientras cruza aquel que mata
y el viento loco que se alza
y dobla por bufonada.

Cánsese el viento, sosiegue
el cacique de las landas.
Sienta su temblor de niña
y duérmase en la llanada.
Sólo hierba, sólo ella
y su infinita palabra.

Las mujeres le olvidaron
la voz pequeña y quedada,
el siseo innumerable
y la sílaba quedada.

Hierba del aire querida,
pero hierba apenas siseada.
Pase el viento, escape el viento,
quiero oír a la postrada.

La oveja le dice "Madre",
el viento le dice "Amada".
Yo no te quise doblar
con dedos ni con guadaña.

Yo esperaba que callases,
Arcángel de manos alzadas,

para escucharle el respiro
de niña que gime o canta.

Pasta la oveja infinita,
de tu grito atribulada
y una cubro con mi cuerpo
y parezco, así, doblada,
una mujer insentata
que ama a los dos, trascordada.

Todo lo quiere arrasar
el Holofernes que pasa.
A la vez ama y detesta
como el hombre de dos almas
y en el turno que le dieron
agobia y abate o alza.

Calla, para, estás rendido
como está rendida mi alma.
Viento patagón, la hierba
que tú hostigas nunca matas.
Hierba al Norte, al Sur, al Este,
y la oveja atarantada
que la canta y que la mata.

Hierba inmensa y desvalida,
sólo silencio y espaldas,
palpitador reino vivo,
Patagonia verde o blanca,
con un viento de blasfemia
y compunción cuando calla,
patria que alabo con llanto.

Verde patria que me llama
con largo silencio de ángel
y una infinita plegaria

y un grito que todavía
escuchan mi cuerpo y mi alma.

PROSA

Prosa

I

Materia de Escritura

Cómo escribo

Yo escribo sobre mis rodillas y la mesa escritorio nunca me sirvió de nada, ni en Chile, ni en París, ni en Lisboa.

Escribo de mañana o de noche, y la tarde no me ha dado nunca inspiración, sin que yo entienda la razón de su esterilidad o de su mala gana para mí.

Creo no haber hecho jamás un verso en cuarto cerrado ni en cuarto cuya ventana diese a un horrible muro de casa; siempre me afirmo en un pedazo de cielo, que Chile me dio azul y Europa me da borroneado. Mejor se ponen mis humores si afirmo mis ojos viejos en una masa de árboles.

Mientras fui criatura estable de mi raza y mi país, escribí lo que veía o tenía muy inmediato, sobre la carne caliente del asunto. Desde que soy criatura vagabunda, desterrada voluntaria, parece que no escribo sino en medio de un vaho de fantasmas. La tierra de América y la gente mía, viva o muerta, se me han vuelto un cortejo melancólico pero muy fiel, que más que envolverme, me forra y me oprime y rara vez me deja ver el paisaje y la gente extranjeros. Escribo sin prisa, generalmente, y otras veces con una rapidez vertical de rodado de piedras en la Cordillera. Me irrita, en todo caso, pararme, y tengo siempre al lado, cuatro o seis lápices con punta porque soy bastante perezosa, y tengo el hábito regalón de que me den todo hecho, excepto los versos.

En el tiempo en que yo me peleaba con la lengua, exigiéndole intensidad, me solía oír, mientras escribía, un crujido de dientes bastante colérico, el rechinar de la lija sobre el filo romo del idioma.

Ahora ya no me peleo con las palabras sino con otra cosa. He cobrado el disgusto y el desapego de mis poesías cuyo tono no es el mío por ser demasiado enfático. No me excuso sino aquellos poemas donde reconozco mi lengua hablada, eso que llamaba Don Miguel el vasco, la "lengua conversacional".

Corrijo bastante más de lo que la gente puede creer, leyendo unos versos que aun así se me quedan bárbaros. Salí de un laberinto de cerros y algo de ese nudo sin desatadura posible, queda en lo que hago, sea verso o sea prosa.

Escribir me suele alegrar; siempre me suaviza el ánimo y me regala un día ingenuo, tierno, infantil. Es la sensación de haber estado por unas horas en mi patria real, en mi costumbre, en mi suelto antojo, en mi libertad total.

Me gusta escribir en cuarto pulcro, aunque soy persona harto desordenada. El orden parece regalarme *espacio*, y este apetito de espacio lo tienen mi vista y mi alma.

En algunas ocasiones he escrito siguiendo un ritmo recogido en un caño que iba por la calle lado a lado conmigo, o siguiendo los ruidos de la naturaleza, que todos ellos se me funden en una especie de canción de cuna.

Por otra parte, tengo aún la poesía anecdótica que tanto desprecian los poetas mozos.

La poesía me conforta los sentidos y eso que llaman el alma; pero la ajena mucho más que la mía. Ambas me hacen correr mejor la sangre; me defienden la infantilidad del carácter, me aniñan y me dan una especie de asepsia respecto del mundo.

La poesía es en mí, sencillamente, un rezago, un sedimento de la infancia sumergida. Aunque resulte amarga y dura, la poesía que hago me lava de los polvos del mundo y hasta de no sé qué vileza esencial parecida a lo que llamamos el pecado original, que llevo conmigo y que llevo con aflicción. Tal vez el pecado original no sea sino nuestra caída en la expresión racional y antirrítmica a la cual bajó el género humano y que más nos duele a las mujeres por el gozo que perdimos en la gracia de una lengua de intuición y de música que iba a ser la lengua del género humano.

Es todo cuanto sé decir de mí y no me pongáis vosotros a averiguar más.

El oficio lateral

I

Empecé a trabajar en una escuela de la aldea llamada Compañía Baja a los catorce años, como hija de gente pobre y con padre ausente y un poco desasido. Enseñaba yo a leer a alumnos que tenían desde cinco a diez años y a muchachones analfabetos que me sobrepasaban en edad. A la Directora no le caí bien. Parece que no tuve ni el carácter alegre y fácil ni la fisonomía grata que gana a las gentes. Mi jefe me padeció a mí y yo me la padecí a ella. Debo haber llevado el aire distraído de los que guardan secreto, que tanto ofende a los demás.

A la aldea también le había agradado poco el que le mandasen una adolescente para enseñar en su escuela. Pero el pueblecito con mar próximo y dueño de un ancho olivar a cuyo costado estaba mi casa, me suplía la falta de amistades. Desde entonces la naturaleza me ha acompañado, valiéndome por el convivio humano; tanto me da su persona maravillosa que hasta pretendo mantener con ella algo muy parecido al coloquio. Una paganía congenital vivo desde siempre con los árboles, especie de trato viviente y fraterno: el habla forestal apenas balbuceada me basta por días y meses.

Un viejo periodista dio un día conmigo y yo di con él. Se llamaba don Bernardo Ossandón y poseía el fenómeno provincial de una biblioteca, grande y óptima. No entiendo hasta hoy cómo el buen señor me abrió su tesoro, fiándome libros de buenas pastas y de papel fino.

Con esto comienza para mí el deslizamiento hacia la fiesta pequeña y clandestina que sería mi lectura vesperal y nocturna, refugio que se me abriría para no cerrarse más.

Leía yo en mi aldea de la Compañía como todos los de mi generación leyeron "a troche y moche", a tontas y a locas, sin idea alguna de jerarquía. El bondadoso hombre Ossandón me prestaba a manos llenas libros que me sobrepasaban: casi todo su Flammarion, que yo entendería a tercias o a cuartas, y varias biografías formativas y encendedoras. Parece que mi libro mayor de entonces haya sido un Montaigne, donde me hallé por primera vez delante de Roma y de Francia. Me fascinó para siempre el hombre de la escritura coloquial, porque realmente lo suyo era la lengua que los españoles llamaban "conversacional". ¡Qué lujo, fue, en medio de tanta pacotilla de novelas y novelones, tener a mi gran señor bordelés hablándome la tarde y la noche y dándome los sucedidos ajenos y propios sin pesadez alguna, lo mismo que se deslizaba la lana de tejer de mi madre! (Veinte años más tarde ya llegaría a Bordeaux y me había de detener en su sepultura a mascullarle más o menos esta acción de gracias: "Gracias, maestro y compañero, galán y abuelo, padrino y padre").

A mis compatriotas les gusta mucho contarme entre las lecturas tontas de mi juventud al floripondioso Vargas Vila, mayoral de la época; pero esos mismos que me dan al tropical como mi *único* entrenador pudiesen nombrar también a los novelistas rusos, que varios de ellos aprovecharon en mis estantitos.

Mucho más tarde, llegaría a mí el Rubén Darío, ídolo de mi generación, y poco después vendrían las mieles de vuestro Amado Nervo y la riqueza de Lugones que casi pesaba en la falda.

Poca cosa era todo esto, siendo lo peor la barbarie de una lectura sin organización alguna. ¡Pena de ojos gastados en periódicos, revistas y folletines sin hueso ni médula! ¡Pobrecilla generación mía, viviendo, en cuanto a provinciana, una soledad como para aullar, huérfana de todo valimiento, sin mentor y además sin buenas bibliotecas públicas! Ignoraba yo por aquellos años lo que llaman los franceses el *métier de côté*, o sea, el oficio lateral; pero un buen día él saltó de mí misma, pues me puse a escribir prosa mala, y hasta pésima, saltando, casi en seguida, desde ella a la poesía, quien, por la sangre paterna, no era jugo ajeno a mi cuerpo.

Lo mismo pudo ocurrir, en esta emergencia de crear cualquiera cosa, el escoger la escultura, gran señora que me había llamado en la infancia, o saltar a la botánica, de la cual me había de enamorar más tarde. Pero faltaron para estos ramos maestros y museos.

En el descubrimiento del segundo oficio había comenzado la fiesta de mi vida. Lo único importante y feliz en aldea costera sería el que, al regresar de mi escuela, yo me ponía a vivir acompañada por la imaginación de los poetas y de los contadores, fuesen ellos sabios o vanos, provechosos o inútiles.

Mi madre, mientras tanto, visitaba la vecindad haciéndose querer y afirmándome así el empleo por casi dos años. Yo lo habría perdido en razón de mi lengua "comida" y de mi hurañez de castor que corría entre dos cuevas: la sala de clase, sin piso y apenas techada, y mi cuartito de leer y dormir, tan desnudo como ella. La memoria no me destila otro rocío consolador por aquellos años que el de los mocetones de la escuela, los que bien me quisieron, dándome cierta defensa contra la voz tronada de la Jefe y su gran desdén de mujer bien vestida hacia su ayudante de blusa fea y zapatos gordos. Yo había de tener tres escuelas rurales más y una "pasada" por cierto Liceo serenense. A los veinte años ingresé en la enseñanza secundaria de mi patria y rematé la carrera como directora de liceo. A lo largo de mi profesión, yo me daría cuenta cabal de algunas desventuras que padece el magisterio, las más de ellas por culpa de la sociedad, otras por indolencia propia.

Una especie de fatalidad pesa sobre maestros y profesores; pero aquí la palabra no se refiere al "Hado" de los griegos, es decir, a una voluntad de los dioses respecto de hombre "señalado", sino que apunta a torpezas y a cegueras de la clase burguesa y de la masa popular.

La burguesía se preocupa poco o nada de los que apacientan a sus hijos y el pueblo no se acerca a ellos por timidez. Nuestro mundo moderno sigue venerando dos cosas: el dinero y el poder, y el pobre maestro carece y carecerá siempre de esas grandes y sordas potencias.

Es cosa corriente que el hombre y la mujer entren a su Escuela Nacional siendo mozos alegres y que salgan de ella bastante bien aviados para el oficio y también ardidos de ilusiones. La ambición legítima se la van a paralizar los ascensos lentos; el gozo se lo quebrará la vida en aldeas paupérrimas adonde inicie la carrera, y la fatiga peculiar del ejercicio pedagógico, que es de los más resecadores, le irá menguando a la vez la frescura de la mente y la llama del fervor. El sueldo magro, que está por debajo del salario obrero, las cargas de familia, el no darse casi nunca la fiesta de la música o el teatro, la inapetencia hacia la naturaleza, corriente en nuestra raza, y sobre todo el desdén de las clases altas hacia sus problemas vitales, todo esto y mucho más irá royendo sus facultades y el buen vino de la juventud se las torcerá hacia el vinagre.

El ejercicio pedagógico, ya desde el sexto año, comienza a ser trabajado por cierto tedio que arranca de la monotonía que es su demonio y al cual llamamos vulgarmente "repetición". Se ha dicho muchas veces que el instructor es un mellizo del viejo Sísifo dantesco. Ustedes recuerdan al hombre que empujaba una roca hasta hacerla subir por un acantilado vertical. En el momento en que la peña ya iba a quedar asentada en lo alto, la tozuda se echaba a rodar y el condenado debía repetir la faena por los siglos de los siglos. Realmente la repetición hasta lo infinito vale, si no por el infierno, por un purgatorio. Y cuando eso dura veinte años, la operación didáctica ya es cumplida dentro del aburrimiento y aun de la inconsciencia.

El daño del tedio se parece, en lo lento y lo sordo, a la corrosión que hace el cardenillo en la pieza de hierro, sea él un cerrojo vulgar o la bonita arca de plata labrada. El cardenillo no se ve al comienzo, sólo se hace visible cuando ya ha cubierto el metal entero.

Trabaja el tedio también como la anemia incipiente; pero lo que comienza en nonada, cunde a la sordina, aunque dejándonos vivir, y no nos damos cuenta cabal de ese vaho que va apagándonos los sentidos y destiñéndonos a la vez el paisaje exterior y la vida interna. Los colores de la naturaleza y los de nuestra propia existencia se empañan de más en más y entramos, sin darnos cuenta de ello, en un módulo moroso, en las reacciones flojas y en el desgano o desabrimiento. El buen vino de la juventud, que el maestro llevó a la escuela, va torciéndose hasta acabar en vinagre, porque la larga paciencia de este sufridor ya ha virado hacia el desaliento. Guay con estos síntomas cuando ya son visibles: es lo de la arena invasora que vuela invisible en el viento, alcanza la siembra, la blanquea, la cubre y al fin la mata.

Bien solo que está el desgraciado maestro en casi todo el mundo, porque este mal que cubre nuestra América del Sur casi entera, aparece también en los prósperos Estados Unidos, domina buena parte de Europa y sobra decir que infesta el Asia y el África.

Si el instructor primario es un dinámico, dará un salto vital hacia otra actividad, aventando la profesión con pena y a veces con remordimiento: la vocación madre es y fuera de su calor no se halla felicidad. Lo común, sin embargo, no es dar este salto heroico o suicida; lo corriente es quedarse, por la fuerza del hábito, viviendo en el ejercicio escolar como menester que está irremediablemente atollado en el cansancio y la pesadumbre. Ellos seguirán siendo los grandes afligidos dentro del presupuesto graso de las naciones ricas y de los erarios más o menos holgados; los sueldos suculentos serán siempre absorbidos por el Ejército y la Armada, la alta magistratura y la plana mayor de la política. Afligidos dije y no plañideros, pues cada instructor parece llamarse "el Sopórtalo-todo".

Con todo lo cual, nuestro gran desdeñado, aunque tenga la conciencia de su destino y de su eficacia, irá resbalando en lento declive o en despeño, hacia un pesimismo áspero como la ceniza mascada. Si es que no ocurre cosa peor: el que caiga en la indiferencia. Entonces ya él no reclamará lo suyo, e irá, a fuerza de renuncias, viviendo más y más al margen de su reino, que era la gran ciudad o el pueblecito. Con lo cual acaece que *el hombre primordial del grupo humano* acaba por arrinconarse y empiezan a apagarse en él las llamadas facultades o potencias del alma. El entusiasta se encoge y enfría; el ofendido se pone a vivir dentro de un ánimo colérico muy ajeno a su profesión de amor. Aquellas buenas gentes renunciadas por fuerza, que nacieron para ser los jefes naturales de todas las patrias, y hasta marcados a veces con el signo real de rectores de almas, van quedándose con la resobada pedagogía de la clase y eso que llamamos "la corrección de los deberes". Y cuando ya les sobreviene este quedarse resignados en el fondo de su almud, o sea la mera lección y el fojeo de cuadernos, esta consumación significará la muerte suya y de la escuela.

II

Puesto que la alegría importa a muy pocos de nuestros ciudadanos y realmente estamos solos, pavorosamente solos, para velar sobre la vida propia, cuando el tedio se ha adensado y comenzamos a trabajar como el remero de brazos caídos que bosteza con aburrimiento al mar de su amor, en este punto, ha llegado el momento de darse cuenta y echar los ojos sobre los únicos recursos que habemos y que son los del espíritu. Es preciso, cuando se llega a tal trance, salir de la zona muerta y buscar afuera de la pedagogía, pero ojalá en lugar que colinde con ella, la propia salvación y la de la escuela, a fin de que la lección cotidiana no se vuelva tan salina como la Sara de Lot.

La invención del oficio colateral trae en tal momento la salvación. Ella busca quebrar la raya demasiado geométrica de la pedagogía estática, dándole un disparadero hacia direcciones inéditas y vitales. El pobre maestro debe salvarse a sí mismo y salvar a los niños dentro de su propia salvación. Llegue, pues, el oficio segundón, a la hora de la crisis, cuando el tedio ya aparece en su fea desnudez; venga cualquiera cosa nueva y fértil, y ojalá ella sea pariente de la creación, a fin de que nos saque del atolladero.

Este bien suele obtenerse a medias o en pleno del oficio lateral. La palabra "entretener" indica en otras lenguas "mantener" o "alimentar". En verdad lo que se adopta aquí es un alimento más fresco que el oficio resabio, algo así como la sidra de manzanas bebida después de los platos pesados.

Muchos profesores: belgas, suizos, alemanes y nórdicos, aman y practican el menester colateral y el francés lo llama con el bonito nombre de *métier de côté*. Y ellos lo buscaron desde siempre y por la higiene mental que deriva del cambio en la ocupación, y tal vez, porque algunos se dieron cuenta de cierta vocación que sofocaron en la juventud.

Los experimentadores a quienes me conocí de cerca, mostraban como huella de su experiencia más o menos estas cualidades: una bella salud corporal, en vez de aire marchito de los maestros cargados de labor unilateral, y la conversación rica de quienes viven, a turnos, dos y no un solo mundo. Yo gozaba viendo el lindo ánimo jovial de quienes se salvan del cansancio haciendo el turno salubre de seso y mano, o sea, el casorio de inteligencia y sentidos. Todos eran intelectuales dados a alguna arte o ejercicio rural: la música, la pintura, la novela y la poesía, la huerta y el jardín, la decoración y la carpintería.

Parece que la música sea el numen válido por excelencia para ser apareado con cualquier otro oficio. Ella a todos conviene y a cada uno le aligera los cuidados; de llevar túnica de aire, parece que sea la pasión connatural del género humano. La especie de consolación que ella da, sea profunda, sea ligera, alcanza a viejos y a niños y puede lo mismo sobre el culto que sobre el palurdo. Y del consolar, la música se pasa al confortar, y hasta al enardecer, como lo hace en los himnos heroicos, tan escasos, desgraciadamente, en nuestros pueblos.

Ello tiene no sé qué poder de ennoblecimiento sobre nuestra vida y por medio de cierta purificación o expurgo sordo que realiza sobre las malas pasiones.

En una de las almas que yo más le amé a Europa, en Romain Rolland, el piano cumplía el menester de oficio colateral a toda anchura. Metido en su propio dormitorio, como si fuese hijo, el ancho instrumento hacía de compañero al maestro, tanto como la hermana ejemplar que fue Magdalena. Y tal vez a la música debió el hombre viejo la gracia de poder escribir hasta los setenta y tantos años.

El pedagogo belga Decroly tenía, por su parte, a la horticultura como el Cireneo de su dura labor de investigación sobre los anormales. En uno de los climas menos dulces de Europa, bajo la "garúa" empapadora o la neblina durable, se le veía rodeado de la banda infantil. El hombre de cuerpo nada próspero cultivaba, con primor casi femenino, sus arbolitos frutales y un jardincillo. (Él me dijo alguna vez que nos envidiaba el despejo de los cielos americanos y que no entendía el que no diésemos nuestras clases al aire libre).

Varios novelistas franceses (se trata de una raza harto terrícola) viven a gran distancia de las ciudades, repudiando la vida urbana por más de que ella parezca tan ligada a su profesión de hurgadores y divulgadores del hombre. Lo hacen por tener un acre o media hectárea de espacio verde. Y hacen bien, pues regalar a la propia casa un cuadro de hierba y flores no es niñería ni alarde, que es asegurarnos el gozo visual de lo vivo, el oreo de los sentidos y la paz inefable que mana de lo vegetal y hace de la planta "el ángel terrestre" dicho por los poetas, ángel estable, de pies hincados en el humus.

Un auge muy grande ha logrado en Europa el bueno de Tagore, a quien me hallé en Nueva York vendiendo cuadros suyos; se sabía también el descanso que da el solo pasar de la escritura larga y densa a la jugarreta de los dedos sobre la tela o el cartón. ustedes saben que el maravilloso hombre hindú era también maestro, como que daba clases en su propia escuela, que él llamó, con recto nombre, "Morada de Paz".

Checoeslovacos, nórdicos y alemanes tienen en gran aprecio a la madera labrada por las manos. Como que ellos son dueños de bosques alpinos y renanos y de las selvas anteárticas.

Muchos maestros participan en la graciosa labor llamada carpintería rústica. Casas suyas he visto en donde no había silla, mesa ni juguete que no hubiesen salido de la artesanía familiar y todo eso no desmerecía de la manufactura industrial. Aquellos muebles toscamente naturales y pintados en los colores primarios —que vuelven después del olvido en que los tuvimos—, nada tenían de toscos, estaban asistidos de gracia y además de intimidad.

Respecto de Italia casi sobra hablar. Ella es, desde todo tiempo, la China de Europa, por la muchedumbre prodigiosa de sus oficios, por la creación constante de géneros y estilos y también porque la raza tenaz hurga incansablemente, arrancando materiales a su poca tierra y a su mar. Recordemos a María Montessori, recogedora genial de la herencia rusoniana, pero, además, brazo diseñador del mobiliario especializado de sus kindergarten. Todo él salió de su ojo preciso y de su lápiz.

A fin de no fatigarles demasiado, dejo sin decir el trabajo de la pequeña forja del hierro, que tanta boga tiene ahora en la confección de piezas decorativas para los interiores de las casas. También se me queda atrás la labor de pirograbado sobre cuero, que alcanza una categoría artística subida. Y mucho, mucho más resta por decir.

No sobra recordar aquí a la California americana, zona donde la jardinería se pasa del amor a la pasión. En ese edén creado sobre el desierto mondo, los maestros se sienten en el deber de saber tanto como los jardineros de paga sobre el árbol y la flor, la poda y los injertos, los abonos y el riego. Horticultura y floricultura son allí dos oficios de todas las edades y suelen aparecérseme a la casa hasta los niños a ofrecerme servicios que suelen resultar bien válidos.

Nosotros, la gente del Sur, hemos de llegar a la misma pasión, cumpliéndose sobre terrenos muy superiores al subsuelo paupérrimo de California. Siempre se dijo que la profesión humana por excelencia, en cuanto a primogénita, es el cultivo del suelo, sea él óptimo, amable o rudo.

Les confieso que yo, ayuna para mi mal de la música e hija torcida de mi madre bordadora, a la cual no supe seguir, me tengo como único oficio lateral el jardineo y les cuento que dos horas de riego y barrido de hojas secas me dejan en condiciones de escribir durante tres más; sol e intemperie libran de ruina a los viejos: el descanso al aire libre es mejor que el de la mano sobre la mano.

El trabajo manual, todos lo sabemos, sea porque suele cumplirse a pleno aire, sea porque la fatiga de los músculos resulta menos mala que el agobio del cerebro, puede salvar en nosotros, junto con la salud, la índole jocunda, el natural alegre. Manejada con tino, y más como distracción que como faena, la labor manual se vuelve el mejor camarada y un amigo eterno. Añádase a esto aún el hecho de que su experiencia nos hace entender la vida de la clase obrera. El tajo absoluto que divide, para desgracia nuestra, a burgueses y trabajadores, viene en gran parte de la ignorancia en que vivimos sobre la rudeza que hay en el trabajo minero, en la pesquería, en ciertas industrias que son mortíferas y también en la agricultura tropical. Quien no haya probado alguna vez en su carne la encorvadura del rompedor de piedras o la barquita pescadora que cae y levanta entre la maroma de dos oleajes, y quien no haya cortado tampoco la caña en tierras empantanadas, ni haya descargado fardos en los malecones, no podrá nunca entender a los hombres toscos de cara malagestada y alma ácida que salen de esas bregas. Y estos hombres suelen ser los padres de aquellos niños duros de ganar y conllevar que se sientan en nuestras escuelas.

Aunque parezca que el oficio segundón es siempre mero recreo, él suele tomar un viraje utilitario. Vi en Europa que maestros jubilados con pensiones irrisorias, que ya no les valen, a causa de la desvalorización de la moneda, se han puesto a mercar con la artesanía aprendida como mero deporte. Así viven ellos hoy, y van sacando a flote su pan, de modo que el menester colateral fue promovido a oficio único y da de comer, y paga al viejo médico y medicinas.

Algunos de ustedes se van a decir ahora: "¿Y por qué a Gabriela le importa tanto defenderse del tedio y quiere poner solaz a una profesión cuya índole siempre será dura y producirá agobio?"

Yo les respondo que la felicidad, o a lo menos el ánimo alegre del maestro, vale en cuanto a manantial donde beberán los niños su gozo, y del gozo necesitan ellos tanto como de adoctrinamiento.

Motivos del barro

El polvo sagrado

Tengo ojos, tengo mirada: los ojos, de los tuyos que quebró la muerte, y te miro con todas ellas. No soy ciego como me llamas.

Y amo; tampoco soy muerto. Tengo los amores y las pasiones de tus gentes derramadas en mí como rescoldo tremendo. El anhelo de sus labios me hace gemir.

El polvo de la madre

¿Por qué me buscabas mirando hacia la noche estrellada? Aquí estoy, recógeme con tu mano... Guárdame, llévame. No quiero que me huellen los rebaños ni que corran los lagartos sobre mis rodillas. Recógeme en tu mano y llévame contigo. Yo te llevé así. ¿Por qué tú no me llevarías?

Con una mano cortas las flores y ciñes a las mujeres, y con la otra oprimes contra tu pecho a tu madre.

Recógeme y amasa conmigo una ancha copa, para las rosas de esta primavera. Ya he sido copa, y guardé un ramo de rosas: te llevé a ti. Yo conozco la noble curva de una copa porque fui el vientre de tu madre.

Volé en polvo fino de la sepultura y fui espesando sobre tu campo, todo para mirarte, ¡oh hijo labrador! ¿Por qué pasas rompiéndome? En este amanecer, cuando atravesaste el campo, la alondra que voló cantando subió del ímpetu desesperado de mi corazón.

Tierra de amantes

Alfarero, ¿sentiste el barro cantar entre tus dedos? Cuando le acabaste de verter el agua, gritó entre ellos. ¡Es su tierra y la tierra de mis huesos que por fin se juntaron!

Con cada átomo de mi cuerpo lo he besado, con cada átomo lo he ceñido. ¡Mil nupcias para nuestros dos cuerpos! ¡Para mezclarnos bien nos deshicieron! ¡Como las abejas en el enjambre, es el ruido de nuestro fermento de amor!

Y ahora, si haces una Tanagra con nosotros, ponnos todo en la frente o todo en el seno. No nos vayas a separar distribuyéndonos en las sienes o en los brazos. Ponnos, mejor, en la curva sagrada de la cintura, donde jugaremos a perseguirnos, sin encontrarnos fin.

¡Ah, alfarero! Tú que nos mueles distraído, cantando, no sabes que en la palma de tu mano se juntaron, por fin, las tierras de dos amantes que jamás se reunieron sobre el mundo.

A LOS NIÑOS

Después de muchos años, cuando yo sea un montoncito de polvo callado, jugad conmigo, con la tierra de mis huesos. Si me recoge un albañil, me pondrá en un ladrillo, y quedaré clavada para siempre en un muro, y yo odio los nichos quietos. Si me hacen ladrillo de cárcel, enrojeceré de vergüenza oyendo sollozar a un hombre; y si soy ladrillo de una escuela, padeceré también por no poder cantar con vosotros, en los amaneceres.

Mejor quiero ser el polvo con que jugáis en los caminos del campo. Oprimidme: he sido vuestra; deshacedme, porque os hice; pisadme, porque no os di toda la verdad y toda la belleza. O, simplemente, cantad y corred sobre mí, para besaros los pies amados.

Decid, cuando me tengáis en las manos, un verso hermoso y crepitaré de placer entre vuestros dedos. Me empinaré para miraros, buscando entre vosotros los ojos, los cabellos de los que enseñé.

Y cuando hagáis conmigo cualquier imagen, rompedla a cada instante, que a cada instante me rompieron los niños de amor y de dolor.

LA ENEMIGA

Soñé que ya era la tierra, que era un metro de tierra oscura a la orilla de un camino. Cuando pasaban, al atardecer, los carros cargados de heno, el aroma que dejaban en el aire me estremecía al recordarme el campo en que nací; cuando pasaban los segadores enlazados, evocaba también; al llorar los bronces crepusculares, el alma mía recordaba a Dios bajo su polvo ciego.

Junto a mí, el suelo formaba un montoncillo de arcilla roja, con un contorno como de pecho de mujer y yo, pensando en que también pudiera tener alma, le pregunté.

—¿Quién eres tú?

—Yo soy —dijo— tu Enemiga, aquella que así, sencillamente, terriblemente, llamabas tú: la Enemiga.

Yo le contesté:

—Yo odiaba cuando aun era carne, carne con juventud, carne con soberbia. Pero ahora soy polvo ennegrecido y amo hasta el cardo que sobre mí crece y las ruedas de las carretas que pasan magullándome.

—Yo tampoco odio ya —dijo ella—, y soy roja como una herida porque he padecido, y me pusieron junto a ti porque pedí amarte.

—Yo te quisiera más próxima —respondí—, sobre mis brazos, los que nunca te estrecharon.

—Yo te quisiera —respondió— sobre mi corazón, en el lugar de mi corazón que tuvo la quemadura de tu odio.

Pasó un alfarero, una tarde, y, sentándose a descansar, acarició ambas tierras dulcemente.

—Son suaves —dijo—; son igualmente suaves, aunque una sea oscura y la otra sangrienta. Las llevaré y haré con ellas un vaso.

Nos mezcló el alfarero como no se mezcla nada en la luz: más que dos brisas, más que dos aguas. Y ningún ácido, ninguna química de los hombres hubiera podido separarnos.

Cuando nos puso en un horno ardiente alcanzamos el color más luminoso que se ha mostrado al sol: era una rosa viviente.

Cuando el alfarero lo sacó del horno, ardiente, pensó que

aquello era una flor: como Dios, ¡él había alcanzado a hacer una flor!

Y el vaso dulcificaba el agua hasta el punto que el hombre que lo compró gustaba de verterle los zumos más amargos: el ajenjo, la cicuta, para recogerlos melificados. Y si el alma misma de Caín se hubiera podido sumergir en el vaso, hubiera ascendido de él, pura.

LAS ÁNFORAS

Ya hallaste por el río la greda roja y la greda negra; ya amasas las ánforas, con los ojos ardientes.

Alfarero, haz la de todos los hombres, que cada uno la precisa semejante al propio corazón.

Haz el ánfora del campesino, fuerte el asa, esponjado el contorno como la mejilla del hijo. No turbará por la gracia, será el Ánfora de la Salud.

Haz el ánfora del sensual; hazla ardiente como la carne que ama; pero, para purificar su instinto, dale delgado labio.

Haz el ánfora del triste; hazla sencilla como una lágrima, sin un pliegue, sin una franja coloreada, porque el dueño no le mirará la hermosura. Y amásala con el lodo de las hojas secas, para que halle al beber el olor de los otoños, que es el perfume mismo de su corazón.

Haz el ánfora de los miserables, tosca, cual un puño, desgarrada de dar, y sangrienta, como la granada. Será el Ánfora de la Protesta.

Y haz el ánfora de Leopardi, el ánfora de los torturados que ningún amor supo colmar. Hazles el vaso en que miren su propio corazón, para que se odien más. No echarán en ella ni el vino ni el agua, que será el Ánfora de la Desolación. Y su seno vaciado inquietará más que si estuviera colmada de sangre.

VASOS

—Todos somos vasos —me dijo el alfarero, y como yo sonriera, añadió: —Tú eres un vaso vaciado. Te volcó un grande amor y ya no te vuelves a colmar más. No eres humilde, y rehúsas bajar como otros vasos a las cisternas, a llenarte de agua impura. Tampoco te abres para alimentarte de las pequeñas ternuras, como algunas de mis ánforas que reciben las lentas gotas que les vierte la noche y viven de esa breve frescura. Y no estás roja, sino blanca de sed, porque el sumo ardor tiene esa tremenda blancura.

La limitación

—Los vasos sufren de ser vasos —agregó—. Sufren de contener en toda su vida nada más que cien lágrimas y apenas un sollozo intenso. En las manos del Destino tiemblan, y no creen que vacilan así porque son vasos. Cuando miran al mar, que es ánfora inmensa, los vasos padecen. Odian su pequeña pared, su pequeño pie de copas, que apenas se levanta del polvo para recibir un poco la luz del día.

Cuando los hombres se abrazan, en la hora del amor, no ven que se ciñen con un solo abrazo extendido: ¡lo mismo que un ánfora!

Miden desde su quietud meditativa el contorno de todas las cosas, y su brevedad no la conocen, de verse engrandecidos en la sombra.

Del dedo de Dios que los contorneó, aun conservan un vago perfume derramado en sus paredes, y suelen preguntar en qué jardín de aromas fueron amasados.

La sed

—Todos los vasos tienen sed —siguió diciéndome el alfarero—; "esos" como los míos, de arcilla perecedera. Así los hicieron, abiertos, para que pudieran recibir el rocío del cielo, y también para que huyera presto su néctar.

Y cuando están colmados tampoco son dichosos, porque todos odian el líquido que hay en su seno. El vaso de falerno aborrece su áspero olor de lagares; el de óleo perfumado odia su espesura y envidia al vaso de agua clara.

Y los vasos con sangre viven desesperados del grumo que se cuaja en sus paredes y que no pueden ir a lavar en los arroyos.

Para pintar el ansia de los hombres haz de ellos solamente el rostro con los labios entreabiertos de sed, o haz sencillamente un vaso, que también es una boca con sed.

LA MADRE: OBRA MAESTRA

El amor de la madre se me parece muchísimo a la contemplación de las obras maestras. Es magistral, con la sencillez de un retrato de Velázquez; tiene la naturalidad del relato en la *Odisea*, y también la familiaridad, que parece vulgar, de una página de Montaigne. No hay dramatismo histérico ni alharaca romántica en los días de la madre. Su vivir cotidiano corre parejo con la de una llanura al sol; en ella, como en el llano agrario, la siembra y la cosecha se cumplen sin gesticulación, dentro de una sublime llaneza.

A nadie le parece maravilloso que la mujer amamante. El amor maternal, al igual de la obra maestra, no arrebató a su creadora, ni asusta, por aparatosa, a su espectador. Aquel bulto doblado de palmera de leche, que se derrama sin ruido dos horas al día, no se nos ocurre que sea asunto de dolor. Pero recordemos al indiferentón que pasa sin mirar a la doblada, que esa leche no es cosa aparte de la sangre, que es la manera que la sangre inventó en la mujer para sustentar, y el que no había parado mientes tal vez se quede un poco azorado. La sangre de él se dio alguna vez en préstamo a un enfermo, pero nunca se regaló dieciocho meses y de este modo admirable.

Nadie se asombra tampoco de que la madre tenga desvelo y goce sólo la mitad de su noche. El hombre ha hecho vigilia de soldado en un cuartel o tuvo noches en blanco de pescador en alta mar o ha cumplido el velorio de sus muertos algunas veces en su vida. El desvelo de la madre le parece cosa normal, como la pérdida de la luz a las seis de la tarde; y es que, sin saberlo, el varón asimila el dolor de la mujer a cualquier operación de la naturaleza. Lo turbaría sólo el que las madres, al fin cansadas, rompiesen la cuerda de su costumbre. Pero no se cansan la llanura nutricia ni la mujer; aquel cuerpo al que llaman flaco, de poco hueso y poco músculo, y que se cree hecho para el trabajo mínimo o para las fiestas del mundo, resiste como el junco o la vara de vid al peso y a la podadora del dolor.

El espectador mira tranquilamente también a la madre del hijo loco o del degenerado. Aquella paciencia que se aproxima a la de Dios, la carencia en esa criatura de toda repugnancia; el que aquella mujer sea capaz de amar a su monstruo, no como al hijo cabal, sino, muchísimo más, todo esto se contempla sin asombro. Y, sin embargo, lo que vemos en una especie de aberración, es "milagro puro". Escribir la "Ilíada" en unos años o esculpir en semanas la cabeza de Júpiter vale mucho menos que enjugar día a día la baba del demente o ser golpeada en la cara por el loco. En madres de este género yo he visto momentos que no sé decir y que me dieron calofrío, porque me pareció tocar los topes de la naturaleza y ver el punto en el que la carne se abre y muestra por el desgarrón un fuego que ciega, el del querubín ardiendo, que en cielo representa al amor absoluto.

Y sin ir tan lejos como en lo contado, sin apurar la desventura, acordémonos del hecho corriente de la mujer que cría hijos mediocres, guardando la actitud que tendría la madre de Marco Aurelio o la de San Agustín.

Es cosa de verle el primor con que sirve el desayuno de su rey bueno para nada; cosa de gozarle el cuidado que pone al peinarlo y vestirlo, usando en el hijo la coquetería que antes puso en ella misma. Y es inefable seguirle en encantamiento en que vive su día entero, alindando su cuarto, alisando ropas estrujadas y volviendo válido lo viejo. ¡Qué ingenio gastado en su pobre diablo! Es siempre menos fantástico el engaño del que juega sin saberlo con polvo de oro que el engaño del otro que exprime el barro bruto, tomando por un fogonazo de diamante el relumbrón de la mica... La madre de hijo necio se siente tan favorecida como la madre de San Juan de la Cruz. Ella no creerá nunca en que la naturaleza la engañó, en que ella fue burlada por el Destino, en que está regando la higuerita estéril, que no echará ni sombra a su espalda, porque ya está comida del gorgojo.

La madre del inútil ignora su fracaso, y ¡ay del que quiera volverla lúcida! De su pecho cae sobre el infeliz un chorro de luz que lo hace relumbrar; la fuerza que canta en su propia sangre le afirma que el hijo es fuerte. Si leyó mitologías, su hijo será Hércules, y si oyó contar "Vidas" su hijo será Marcelino Berthelot, de no ser Marie Curie... Testaruda santa, ojo con viga de oro, caracol de música que oye siempre un coro que canta, por más que sólo ella lo sienta.

Finalmente, a nadie deslumbra la pasión de la mujer por el hijo, aunque sea la pasión que más dure. Veinte, sesenta años está en pie, y esto no lo produce la mera naturaleza: el frenesí del viento no dura mucho y el fervor de la cascada a ratos se relaja; la pasión del animal, más flaca que la de los elementos, vale menos aún, ya que no va más lejos que la estación. La madre rebasa lindamente la naturaleza, la quiebra, y ella misma no sabe su prodigio. Una pobre mujer se incorpora por la maternidad a la vida sobrenatural y no le cuesta —¡qué va a costarle!— entender la eternidad: el hombre puede ahorrarle la lección sobre lo Eterno, que ella lo vive en su loca pasión. En donde esté, viva o muerta, allá seguirá haciendo su oficio, que comenzó en un día para no parar nunca. La hora en que nació su hijo, ella cogió los remos del forzado y se echó a un viaje perdurable. Se me ocurre que en el cielo de las madres ha de haber una lonja donde no existe la libertad, donde dura la servidumbre, sólo que más gozosa de la que ellas vivían sobre el cascarón terrestre.

El cariño materno tiene el mismo absurdo del amor de Dios por nosotros. Vive, alimentado o abandonado; no se le ocurre esperar "retorno" y apenas para mientes en el olvido. La zarza ardiendo asustó a Moisés; pero a ningún hijo le turba esta otra zarza que, al lado de él se quema sin soltar ceniza, sin ralear la llama, ancha y alta como la hoguera que da la ceiba cuando sube entera.

Preciosa criatura que vive la gracia del genio dentro de una rasa naturalidad. El genio le cayó al pecho, no a la frente, pero bajó en un torrente más cálido que el del genio intelectual (luz de luna que a veces no fecunda cosa que valga), y este genio se transfiguró en ella en humildad, matando el orgullo que en el hombre es la costumbre genial.

EVOCACIÓN DE LA MADRE

EN EL DÍA DE LAS MADRES

Madre, en el fondo de tu vientre se hicieron en silencio mis ojos, mi boca, mis manos. Con tu sangre más rica me regabas como el agua a las papillas del jacinto, escondidas bajo la tierra. Mis sentidos son tuyos y con éste como préstamo de tu carne ando por el mundo. Alabada seas por todo el esplendor de la tierra que entra en mí y se enreda a mi corazón.

Madre, yo he crecido como un fruto en la rama espesa, sobre tus rodillas profundas. Ellas llevan todavía la forma de mi cuerpo; otro hijo no te la ha borrado; y tanto se habituaron a mecerme, que cuando yo corría por los caminos, ellas estaban allí, en el corredor de la casa, tristes de no sentir mi peso.

No hay ritmos más suaves entre los cien ritmos derramados por el "Primer músico" en el mundo, que ese de tu mecedura, madre, y las cosas plácidas que hay en mi alma se cuajaron con ese vaivén de tus brazos y tus rodillas.

Y a la par que mecías, me ibas cantando, y los versos no eran sino palabras tuyas juguetonas, pretexto para tus "mimos". En esas canciones tú me nombrabas las cosas de la tierra: los cerros, los frutos, los pueblos, las bestiecitas del campo, como para domiciliar a tu hija en el mundo, como para enumerarle los seres de la familia tan extraña en que la habían puesto a existir, y así yo iba conociendo tu duro y suave universo: no hay palabrita nombradora de las criaturas que no aprendiera de ti. Las maestras que vinieron después sólo usaron de las visiones y de los nombres hermosos que tú me habías entregado.

Tú ibas acercándome, madre, las cosas inocentes que podía coger sin herirme: una hierbabuena del huerto, una hoja de hiedra del corredor, y yo palpaba en ellas la amistad de las criaturas. Tú a veces me comprabas, y otras me hacías, los juguetes: una muñeca de ojos muy grandes, como los míos; una casita que se desbarataba a poca costa. Pero los juguetes muertos yo no los amaba, tú te acuerdas; el más lindo era para mí tu propio cuerpo.

Jugaba con tus cabellos como con hilitos de agua escurridizos; con tu barbilla redonda; con tus dedos que trenzaba y destrenzaba. Tu rostro inclinado era para tu hija todo el espectáculo del mundo. Con curiosidad miraba su parpadear rápido y el juego de la luz que se hacía dentro de tus ojos verdes, y aquello tan extraño que solía pasar sobre tu cara cuando tenías una cosa que yo ignoraba, cuando eras desgraciada, madre.

Sí; todito mi mundo era tu semblante; tu frente como un llano con rastrojo dorado; tus mejillas como la loma, y los surcos que la pena cavaba hacia los extremos de tu boca, eran dos pequeños vallecitos tiernos. Aprendí los colores y las formas mirando tu cabeza: el color de la última tarde estaba en tu cabellera; el temblor de las hierbecitas, en tus pestañas, y el tallo de las plantas, en tu cuello, que al doblarse hacia mí hacía un pliegue lleno de intimidad.

Y cuando ya supe caminar de la mano tuya, apegadita a ti cual si fuera un pliegue grande de tu falda, salí a conocer tu valle y mi valle dulcísimo.

Los padres están demasiado llenos de afanes para que puedan llevarnos de la mano por un camino o subirnos una cuesta. Por esto es que siempre somos más hijos de la madre, con la cual seguimos ceñidos, como la almendra lo está de su vainita cerrada. Y el cielo más amado por nosotros no es aquél de las estrellas líquidas y frías, sino el otro de los ojos vuestros, tan próximo que se puede besar sobre su mismo llanto.

El padre anda en la locura heroica de la vida y no sabemos lo que es su día. Sólo vemos que por las tardes vuelve y suele dejarnos en la mesa una parvita de frutos dorados y rojos y vemos que os entrega a vosotras para el ropero familiar los lienzos y las franelas con que nos vestís. Pero la que monda los frutos y los corta en gajitos para la boca del niño y los exprime en la siesta calurosa eres tú, madre. Y la que corta la franela y el lienzo en piececitas y las vuelve un traje amoroso que se apega bien a los costados friolentos del niño, eres tú, madre pobre, "la más tierna de todas", la tiernísima.

Ya el niño junta palabritas como vidrios de colores. Entonces tú nos pones una oración leve en medio de la lengua y allí se nos queda, viva, hasta el último día. Esta oración es tan sencilla como la espadaña del lirio y espiga así, temblorosa, hacia los ojos del Señor. Con ella, ¡tan breve!, pedimos todo lo que se necesita para vivir con suavidad y transparencia sobre la costra llagada del mundo; se pide el pan cotidiano, se dice que los hombres son hermanos nuestros y se alaba la voluntad vigorosa del Señor.

Y de este modo la que nos mostró la tierra como un lienzo extendido lleno de formas y colores, nos hace conocer también al Dios escondido detrás de las formas.

Yo era una niña triste, madre, una niña huraña como son los grillos oscuros cuando es de día, como es el lagarto verde, bebedor de sol. Y tú sufrías de que tu niña no jugara como las otras, y solías decir que tenía fiebre, cuando en la viña de la casa la encontrabas conversando sola con las cepas retorcidas y con un almendro esbelto y fino que parecía un niño arrobado. Ahora está hablando así también contigo que no le contestas, y si tú la vieses le pondrías la mano en la frente, diciendo como entonces: —"Hija, tú tienes fiebre".

Todos los que vienen después de ti en la vida, madre, enseñan "sobre" lo que tú enseñaste y dicen con muchas palabras cosas que tú decías con poquitas; cansan nuestros oídos y nos matan el gozo de escuchar. Se aprendían las cosas con más levedad estando tu niñita bien acomodada sobre tu pecho. Tú ponías la enseñanza sobre ésa como cera dorada del cariño; no hablabas por obligación y así no te apresurabas, sino por necesidad de derramarte hacia tu hijita. Y nunca le pediste que estuviese tiesa y quieta en una banca dura oyéndote. Mientras te oía, jugaba con la vuelta de tu blusa, o con el botón de concha de perla de tus mangas. Y éste es el único aprender deleitoso que yo he conocido, madre.

Después yo he sido una joven y después una mujer. He caminado sola sin el arrimo de tu cuerpo, y he sabido que eso que llaman la libertad es una cosa sin belleza. He visto mi sombra caer sobre los campos sin la tuya, chiquitita; al lado, y era fea y triste. También he hablado sin necesitar de tu ayuda y yo hubiera querido que, como antes, en cada frase mía estuvieran tus palabras ayudadoras, para que lo que iba diciendo fuese una guirnalda hecha por las dos.

Muchas veces me han llamado fuerte y segura los hombres que no saben que el corazón de una mujer es siempre una pajilla de alero, temblorosa del miedo de vivir. Y oyéndolos yo he cerrado los ojos para esconderles la única verdad. ¡Porque yo siento menos firme mi cabeza desde que no necesita tu brazo bajo ella, madre!

He hablado entre la muchedumbre de las gentes y después he sentido el descontento de cuanto dije viendo que la sencillez de tu hablar se ha quebrado en mí, tal vez por vanidad, tal vez por el necio deseo de dar cosas intensas a los hombres endurecidos que para sentir necesitan del fuerte aletazo del buitre.

De las enseñanzas que me diste, una se adentró muy hondo: la de devolver. Así, madre, yo he hecho las canciones de cuna tuyas y ninguna otra cosa más quisiera hacer. En la mitad de la vida he venido a saber que todos los hombres son desgraciados y necesitan siempre una canción de cuna para que apacigüe su corazón.

De todo lo inútilmente pensado, de todo lo hinchadamente dicho, olvídate tú, no lo mires y recíbeme sólo esas canciones.

Ahora yo te hablo con los ojos cerrados, olvidándome de dónde me hallo, para no saber que estoy tan lejos; con los ojos apretados por no mirar que hay un mar tan ancho entre tu pecho y mi semblante. Te converso cual si estuviera tocando tus vestidos y tengo las manos un poco extendidas y entreabiertas para creer que la tuya está cogida.

Como te dije, llevo el préstamo de tu carne, hablo con los labios que me hiciste y miro con tus ojos las tierras extrañas. Tú ves por ellos también las rutas del trópico, la piña grávida y exhalante y la naranja de luz; tú gozas con mis pupilas el contorno de estas otras montañas, agudas como joyas, tan distintas de la montaña desollada y roja bajo la cual me criaste; tú escuchas por mis oídos el habla de estas gentes que tienen el acento más dulce que el nuestro, y las comprendes y las amas; y también te laceras en mí cuando la nostalgia en algún momento es como una quemadura y se me quedan los ojos abiertos y sin ver sobre el paisaje mexicano.

Gracias en este día, y en todos los días, por la capacidad que me diste de recoger la belleza de la tierra como una agua que se recoge con los labios y también por la riqueza de dolor que puedo llevar sin morir en la hondura de mi corazón.

Para creer que me oyes, he bajado los párpados y arrojo de mí la mañana, pensando que a esta hora tú tienes la tarde sobre ti. Y para decirte todo lo demás que se quiebra en las palabras sin tersura, voy quedándome en silencio.

REFERENCIAS MISTRALIANAS

Cómo escribo: Texto de una conferencia dictada por Gabriela Mistral en los Cursos Sudamericanos de Vacaciones, Universidad de Montevideo, Uruguay, enero de 1938. Junto a la autora chilena participaron también Alfonsina Storni (Argentina) y Juana de Ibarbourou (Uruguay), "las poetisas de América", como se les llamó. Publicado en *Páginas en prosa*, Buenos Aires, Editorial Kapelusz, 1962. Selección de José Pereira Rodríguez.

El oficio lateral: En Veracruz (México), el año 1949, y en presencia de numerosos maestros de las escuelas veracruzanas, Gabriela Mistral leyó esta estimulante conferencia cuyo texto termina con esta motivadora frase: "La felicidad, o al menos el ánimo alegre del maestro, vale en cuanto a manantial donde beberán los niños su gozo, y del gozo necesitan ellos tanto como de adoctrinamiento". Publicado en la revista *Pro Arte*, Santiago, 14 y 21 de abril, 1949.

Motivos del barro: Pertenece a la sección Prosa del libro *Desolación,* Editorial Nascimento, Santiago, 1923.

La madre: obra maestra: Escrito por Gabriela Mistral durante su permanencia en Río de Janeiro y publicado en *La Nación*, Buenos Aires, 8 de septiembre, 1940.

Evocación de la madre: Escrito por Gabriela Mistral durante su residencia en México y publicado en *El Mercurio*, Santiago, 24 de junio, 1923.

II

Magisterio y Niño

LA ORACIÓN DE LA MAESTRA

¡Señor, Tú que enseñaste, perdona que yo enseñe; que lleve el nombre de maestra que Tú llevaste por la Tierra!

Dame el amor único de mi escuela; que ni la quemadura de la belleza sea capaz de robarle mi ternura de todos los instantes.

Maestro, hazme perdurable el fervor y pasajero el desencanto. Arranca de mí este impuro deseo de justicia que aún me turba, la mezquina insinuación de protesta que sube de mí cuando me hieren. No me duela la incomprensión ni me entristezca el olvido de las que enseñé.

Dame el ser más madre que las madres, para poder amar y defender como ellas lo que no es *carne de mis carnes*. Dame que alcance a hacer de una de mis niñas mi verso perfecto y a dejarte en ella clavada mi más penetrante melodía, para cuando mis labios no canten más.

Muéstrame posible tu Evangelio en mi tiempo, para que no renuncie a la batalla de cada día y de cada hora por él.

Pon en mi escuela democrática el resplandor que se cernía sobre tu corro de niños descalzos.

Hazme fuerte, aun en mi desvalimiento de mujer, y de mujer pobre; hazme despreciadora de todo poder que no sea puro, de toda presión que no sea la de tu voluntad ardiente sobre mi vida.

¡Amigo, acompáñame!, ¡sosténme! Muchas veces no tendré sino a Ti a mi lado. Cuando mi doctrina sea más casta y más quemante mi verdad, me quedaré sin los mundanos; pero Tú me oprimirás entonces contra tu corazón, el que supo harto de soledad y desamparo. Yo no buscaré sino en tu mirada la dulzura de las aprobaciones.

Dame sencillez y dame profundidad; líbrame de ser complicada o banal en mi lección cotidiana.

Dame el levantar los ojos de mi pecho con heridas, al entrar cada mañana a mi escuela. Que no lleve a mi mesa de trabajo mis pequeños afanes materiales, mis mezquinos dolores de cada hora.

Aligérame la mano en el castigo y suavízamela más en la caricia. ¡Reprenda con dolor, para saber que he corregido amando!

Haz que haga de espíritu mi escuela de ladrillos. Le envuelva la llamarada de mi entusiasmo su atrio pobre, su sala desnuda. Mi corazón le sea más columna y mi buena voluntad más oro que las columnas y el oro de las escuelas ricas.

Y, por fin, recuérdame desde la palidez del lienzo de Velázquez, que enseñar y amar intensamente sobre la Tierra es llegar al último día con el lanzazo de Longinos en el costado ardiente de amor.

Palabras a los maestros

Maestro, enseña con gracia, como pedía Rodó. Sin hacerte un re-
tórico, procura dar un poco de belleza en tu lección de todos los
días (mira que Cristo no divorció la hermosa intención de verdad
del deseo de hermosura y gracia verbal).

Narra con donaire; sabes que tu oficio, que es de ternura, te
ha vedado ser seco de corazón; también te prohíbe serlo de len-
guaje.

Aprende en el libro moderno y en el antiguo las donosuras
del idioma, y adquiérelas siquiera en parte.

En San Martín, tu Abraham, Bello, tu Carrera; sus biografías
enardecerán más si conoces el adjetivo hermoso que pinta el ca-
rácter, el giro hábil que da movimiento al relato, el sustantivo trans-
parente que nombra la virtud exacta (la verdadera excelencia).

No te conformes con ser claro, sé, si puedes, elegante en tu
palabra.

La sobriedad, que tú sabes que es condición pedagógica de
tu explicación, es don literario; la naturalidad, que también tu *Ma-
nual* te recomienda, es refinamiento artístico; la viveza del relato
te la da no sólo tu entusiasmo, sino también tu habilidad científica
(consciente, con intención artística).

Aprende esa sobriedad, esa naturalidad, esa viveza en Pascal,
en Heine, en el Dante; no destierres ni a los escolares galanes de
tu grave biblioteca. Hace bien una sonrisa.

Nadie se divorcia impunemente de la belleza, ni el sacerdote
ni el propagandista, ni siquiera el mercader.

El descuido de tu lenguaje envuelve cierto desprecio de los
que te oyen.

Cuando descuidas tu lenguaje, robas algo a la verdad que
enseñas: te robas atractivo sobre los niños, le robas dignidad.

Te equivocas al pensar que ellos no saben de eso. Como el rústico, como el payador, como el picapedrero que canta aires hermosos sobre la cantera, el niño entiende; tienen ambos el instinto, no la ciencia por cierto, de lo divino.

Haz la prueba y te quedarás maravillado.

Léele uno de tantos cuentos insulsos de la pedagogía ordinaria que corren por allí y léele después el *Cuento a Margarita*, de Rubén.

Cabe el arte dentro de tu escuela. Si decoras con Millet tu sala de clases, alegras a tus pequeños; sienten la dulzura de la Balada de Mignón en su clase de canto.

No desprecies al niño, que es toda su vida, porque te desprecies y haz capaz tu escuela de todo lo grande que pasa o que ha pasado por el mundo. Harás así pedagogía augusta, no gris, no pobre, no infeliz pedagogía.

Pensamientos pedagógicos

Para las que enseñamos:

1. Todo para la escuela; muy poco para nosotras mismas.
2. Enseñar siempre: en el patio y en la calle como en la sala de clase. Enseñar con la actitud, el gesto y la palabra.
3. Vivir las teorías hermosas. Vivir la bondad, la actividad y la honradez profesional.
4. Amenizar la enseñanza con la hermosa palabra, con la anécdota oportuna, y la relación de cada conocimiento con la vida.
5. Hacer innecesaria la vigilancia de la jefe. En aquella a quien no se vigila, se confía.
6. Hacerse necesaria, volverse indispensable: ésa es la manera de conseguir la estabilidad en un empleo.
7. Empecemos, las que enseñamos, por no acudir a los medios espurios para ascender. La carta de recomendación, oficial o no oficial, casi siempre es la muleta para el que no camina bien.
8. Si no realizamos la igualdad y la cultura dentro de la escuela, ¿dónde podrán exigirse estas cosas?
9. La maestra que no lee tiene que ser mala maestra: ha rebajado su profesión al mecanismo de oficio, al no renovarse espiritualmente.
10. Cada repetición de la orden de un jefe, por bondadosa que sea, es la amonestación y la constancia de una falta.
11. Más puede enseñar un analfabeto que un ser sin honradez, sin equidad.
12. Hay que merecer el empleo cada día. No bastan los aciertos ni la actividad ocasionales.
13. Todos los vicios y la mezquindad de un pueblo son vicios de sus maestros.

14. No hay más aristocracia, dentro de un personal, que la aristocracia de la cultura, o sea de los capaces.

15. Para corregir no hay que temer. El peor maestro es el maestro con miedo.

16. Todo puede decirse, pero hay que dar con la forma. La más acre reprimenda puede hacerse sin deprimir ni envenenar un alma.

17. La enseñanza de los niños es tal vez la forma más alta de buscar a Dios; pero es también la más terrible en el sentido de tremenda responsabilidad.

18. Lo grotesco proporciona una alegría innoble. Hay que evitarlo en los niños.

19. Hay que eliminar de las fiestas escolares todo lo chabacano.

20. Es una vergüenza que hayan penetrado en la escuela el *cuplé* y la danza grotesca.

21. La nobleza de la enseñanza comienza en la clase atenta y comprende el canto exaltador en sentido espiritual, la danza antigua —gracia y decoro—, la charla sin crueldad y el traje simple y correcto.

22. Tan peligroso es que la maestra superficial charle con la alumna, como es hermoso que esté a su lado siempre la maestra que tiene algo que enseñar fuera de clase.

23. Las parábolas de Jesús son el eterno modelo de enseñanza; usar la imagen, ser sencilla y dar bajo apariencia simple el pensamiento más hondo.

24. Es un vacío intolerable el de la instrucción que antes de dar conocimientos, no enseña métodos para estudiar.

25. Como todo no es posible retenerlo, hay que hacer que la alumna seleccione y sepa distinguir entre la médula de un trozo y el detalle útil pero no indispensable.

26. Como los niños no son mercancías, es vergonzoso regatear el tiempo en la escuela. Nos mandan instruir por horas, y educar siempre. Luego, pertenecemos a la escuela en todo momento que ella nos necesite.

27. El amor a las niñas enseña más caminos a la que enseña que la pedagogía.

28. Estudiamos sin amor y aplicamos sin amor las máximas y afo-

rismos de Pestalozzi y Froebel, esas almas tan tiernas, y por eso no alcanzamos lo que alcanzaron ellos.

29. No es nocivo comentar la vida con las alumnas, cuando el comentario critica sin emponzoñar, alaba sin pasión y tiene intención edificadora.

30. La vanidad es el peor vicio de una maestra, porque la que se cree perfecta se ha cerrado, en verdad, todos los caminos hacia la perfección.

31. Nada es más difícil que medir en una clase hasta dónde llegan la amenidad y la alegría y dónde comienza la charlatanería y el desorden.

32. En el progreso o el desprestigio de un colegio todos tenemos parte.

33. ¿Cuántas almas ha envenenado o ha dejado confusas o empequeñecidas para siempre una maestra durante su vida?

34. Los dedos del modelador deben ser a la vez firmes, suaves y amorosos.

35. Todo esfuerzo que no es sostenido se pierde.

36. La maestra que no respeta su mismo horario y lo altera sólo para su comodidad personal, enseña con eso el desorden y la falta de seriedad.

37. La escuela no puede tolerar las modas sin decencia.

38. El deber más elemental de la mujer que enseña es el decoro en su vestido. Tan vergonzosa como la falta de aseo es la falta de seriedad en su exterior.

39. No hay sobre el mundo nada tan bello como la conquista de almas.

40. Existen dulzuras que no son sino debilidades.

41. El buen sembrador siembre cantando.

42. Toda lección es susceptible de belleza.

43. Es preciso no considerar la escuela como casa de una, sino de todas.

44. Hay derecho a la crítica, pero después de haber hecho con éxito lo que se critica.

45. Todo mérito se salva. La humanidad no está hecha de ciegos y ninguna injusticia persiste.

46. Nada más triste que el que la alumna compruebe que su clase equivale a su texto.

Llamado por el niño

Este es un día de unidad y, además, de reconciliación de todos nosotros en el Niño.

Nuestras discusiones partidistas hacen hoy un paro; huelgan, sobran. Porque muchas cosas podemos discutir, menos este gran bochorno que se llama el Niño desnudo y hambriento.

Él no pidió nacer y él pide sin más alegato que su pobre cuerpo que nos declara el sustento a medias, el cuarto insalubre, el mal vivir.

Por primera vez vamos a dar para una criatura sin raza expresa, sin patria declarada, chiquito, de cualquier parte del mundo: sudamericano, chino, italiano, polaco, judío, etc. Y sabremos con sorpresa de nosotros mismos, que, a pesar de los chauvinismos rabiosos, el concepto de la humanidad, como el cuerpo indivisible de Cristo, está latente a mitad de nuestro espíritu, y que este "llamado" lo hace subir a flor de pecho.

Muchas de las cosas que hemos menester tienen espera: el Niño, no. Él está haciendo ahora mismo sus huesos, criando su sangre y ensayando sus sentidos. A él no se le puede responder: "Mañana". Él se llama "ahora". Pasados los siete años, lo que se haga será un enmendar a tercias y corregir sin curar.

Estamos enfermos de muchos errores y de otras tantas culpas; pero nuestro peor delito se llama abandono de la infancia. Descuido de la fuente. Ocurre en algunos oficios que la pieza estropeada al comienzo ya no se puede rehacer. Y en el caso del Niño hay lo mismo: la enmienda tardía no salva. De este modo, nosotros estropeamos el diseño divino que él traía.

Hoy es el día de dar para una muchedumbre, pero a la vez para cada uno, de dar alcanzando a todos, sin despojar a los nuestros: la probidad de las Naciones Unidas en esta distribución será irreprochable.

Comienza en la colecta de hoy un aprendizaje audaz que nunca hicimos: el de dar para el próximo y el lejano, para el nacional y el forastero. Y este ensayo no tiene nada de absurdo: es la primera y última letra del alfabeto cristiano. Nunca ensayamos esto y alguna vez habían de conducirnos hacia una operación espiritual postergada pero inevitable, dura pero posible.

Queremos salvarnos salvando al Niño; siempre creímos que la salvación podía salir de la ayuda al pariente, al de rostro sabido. Pero Aquel a quien llamamos el Salvador no vino para el mero judío; Él vino para el planeta y escandalizó con su adopción del Mundo a centuriones y a rabinos.

Pudiese ser que la flaqueza del cristianismo arranque de nuestra caridad casera y regional y de la indolencia con que miramos el hambre oriental y el hambre africana y las demás.

La mano estirada de hoy, la alcancía ambulante que va por las calles, no es que pida, *es que cobra*. Todos somos deudores al bulto menudito que se esconde en nuestra montaña, que vive en los valles sin más ración que el aire y la luz y que vaga por unas ciudades a la vez suntuosas y raídas de miseria.

Hoy los colectadores nos cobran cuanto se debe al Niño, lo cual es mucho. Demos sin ceño fruncido; demos por decoro colectivo e individual, cristiano o pagano, pero demos todos. Y al soltar las monedas, procuremos ver al pedigüeño invisible, para que de su imagen nazca en nosotros la conciencia del Mundo unitario, que fue ensayado en vano por la Sociedad de las Naciones y que ahora la ONU vuelve a intentar, como quien hace segunda siembra sobre tierra helada y terca.

Las Naciones Unidas son más que una asamblea y una hechura política: ellas son la yema de una conciencia universal. Y lo mejor de sus creaciones y de su inspiración tal vez sea este "Llamado por el Niño", que es también el desagravio a la madre en falencia.

Todos fuimos niños, y dar hoy será traer a los ojos la propia infancia. Vaciar el jornal entero será recobrar la mano infantil en la cual nada se pudre porque nada se acumula y que él lleva abierta porque el Niño es un botarate a lo divino.

EL ELOGIO DEL NIÑO

El niño no es loco, y si lo es, mejor anda y mejor vive así: dejarle tal vez valga más que mantearlo; al cabo, pronto el cuitado será igual a nosotros, como dos gotas de agua. Él inventa tanto como aprende, no es verdad que lo imite todo; quien se vuelve máquina de repeticiones es el hombre hecho y derecho. En su embobamiento y azoro del mundo, él tiene razón que le sobre: así como lo ve, así es, una inmensa calcomanía caliente y una Tarasca feroz. Razón tiene en su abrazo de la Tierra y sus miedos nocturnos con ella son justos también: mucho él ve, más adivina.

Su cuerpo libre de atascos y toxinas, le da la alegría sin causa que es la única fiel. Ahí va, borracho de aire y de luz, con el pelo suelto como una crin, y otra vez tiene razón, porque todo se vuelve vino para unos sentidos limpios y en vacaciones.

La libertad le gusta al niño más que el comer y el beber. Las naranjas y la cidra no le hacen tan feliz como andar suelto por la huerta o las calles. Sólo en creciendo, lo van a convencer la casa y la mesa de mantel largo de que ellas valen más que ser un hombre libre.

El muy liberal goza con lo rítmico y lo contrarrítmico, y le hace gracia lo suave y lo erizado; lo que él quiere son muchas vistas, colores y sabores.

El bien sale del niño como el aliento, o le salta como el ademán: no se da cuenta de lo bueno que hizo, a menos de que le torzamos la personalidad por la adulación. Y ve el mal, sí lo ve, pero no en tinta china como nosotros. Por eso será que se venga menos que los grandes.

Él se endereza mejor que el joven después del puñetazo que le dieron y es que tiene más coraje que los mayores, y gimotea menos que Zenón el estoico por un percance.

Para construir, lo mismo le valen piedras que cartón, y corchos, y cañas rotas. No es que no sepa escoger; bien lo sabe; es que él quiere construir a toda costa, de cualquier laya.

El chiquitito canta chillón o desabrido, y no lo sabe; si cantase lindamente, no le daría más placer, pues ya tuvo su gusto al echar la voz afuera. Orgullos tiene, vanidades no.

Hierve de mitos, chisporrotea de "casos" y "encuentros", y su mitología no le trajina los sesos sino que le cosquillea en los sentidos y le agita también las potencias. El Dragón se restriega contra él —será la guerra o su mal amigo—; la talla de Goliat abre, tamaños, sus ojos; la honda y las piedras de David, él las siente y oye; del Ulises le interesan por igual las chanzas que las veras: éstas le sirven para inflamarse; aquéllas, para reír.

Pero más que estos héroes, prójimos suyos, agitan al niño aquellos de que nosotros no hacemos caso, y que también son héroes: el viento huracanado, el mar lenguaraz, las nubes folletinescas, la lluvia y las nieves ciegas.

El mundo visible y el otro no los tiene separados el buen sabedor. La cara de su hermanito muerto le cae a la mano, revuelta con sus juguetes; el duende le vive dentro de la hojazón de la higuera. Y el cielo lo tiene cruzado con la tierra, así, entreverados, así, en cruz, igual que la urdimbre y la trama de un tejido. (También se lo supo sin que se lo dijeran).

Sus alegrías las ensayaremos cuarenta años después, pero, por nuestro desvío, les perdimos el rastro y ya se nos olvidó la contraseña.

El salto descuidado que el niño da sobre el pájaro o el pez muerto, es el mismo que nosotros, mayorcitos, deberíamos dar sobre la muerte, cuando nos rasa la mente o la vida. (Si de veras nos creyésemos hijos de Dios y eternos. Pero no lo creemos bien).

El niño acaba el día como si hubiese cosechado cincuenta aventuras, y es verdad que las tuvo, puesto que las arreó, y las luchó, sentado en una piedra, o al dormirse. Pues, cuando cae al fin, y con un sueño tal que es el récord de todos, todavía entonces, de sueño adentro, siguen sus gestas, y por eso manotea sobre las sábanas.

Pasión de leer

La faena en favor del libro que corresponde cumplir a maestros y padres es la de despertar la apetencia del libro, pasar de allí al placer del mismo y rematar la empresa dejando un simple agrado promovido a pasión. Lo que no se hace pasión en la adolescencia se desmorona hacia la madurez relajada.

Volver la lectura cotidianidad, o según dice Alfonso Reyes, "cosa imposible de olvidar, como lavarse las manos". Dejar atrás el hábito de padres o abuelos que contaban los libros que habían leído por las catástrofes nacionales o los duelos de la familia. Hacer leer, como se come, todos los días, hasta que la lectura sea, como el mirar, ejercicio natural, pero gozoso siempre. El hábito no se adquiere si él no promete y cumple placer.

La primera lectura de los niños, sea aquella que se aproxima lo más posible al relato oral, del que viene saliendo, es decir, a los cuentos de viejas y los sucedidos locales. Folklore, mucho folklore, todo el que se pueda, que será el que se quiera. Se trata del momento en que el niño pasa de las rodillas mujeriles al seco banco escolar, y cualquier alimento que se le allegue debe llevar color y olor de aquellas leches de anteayer. Estas leches folklóricas son esmirriadas en varias razas: en la española conservan una abundancia y un ímpetu de aluvión. No es cosa de que los maestros las busquen penosamente: hechas cuento o romance, corren de aldea a ciudad por el lomo peninsular; llegan a parecer el suelo y el aire españoles, y no hay más afán que cogerlas, como las codornices en la lluvia de Moisés, estirando la mano y metiendo en saco las mejores: casi no hay mejores y peores; posee el folklore español una admirable parejura de calidad en que regodearse.

Yerran los maestros que, celando mucho la calidad de la lectura, la matan al imponer lo óptimo a tirones y antes de tiempo.

Debemos condescender algo o mucho con el niño, aceptándole ciertas lecturas o bobas o laterales. He visto a chiquitos bostezar por unas Ilíadas en versión llamada infantil y que se despabilaban en seguida por cualquier Julio Verne.

Aceptemos ladinamente el gusto zurdo del niño por la aventura mal escrita, que una vez hecho su "estómago de lector", la aventura sandia irá trepándose hacia Kipling y Jack London, y de éstos a otros, hasta llegar a la *Divina Comedia* (tremenda aventura por dentro del ánimo), al *Quijote* o al mundo de Calderón.

Dicen que lo mejor suele ser enemigo de lo bueno; también lo solemne anticipado puede empalagar de lo serio y por toda la vida. El fastidio lleva derecho a la repugnancia.

Pasión de leer, linda calentura que casi alcanza a la del amor, a la de la amistad, a la de los campeonatos. Que los ojos se vayan al papel impreso como el perro a su amo; que el libro, al igual de una cara, llame en la vitrina y haga volverse y plantarse delante en un hechizo real; que se haga el leer un ímpetu casi carnal; que se sienta el amor propio de haber leído libros mayores de siempre y el bueno de ayer; que la noble industria del libro exista para nosotros por el gasto que hacemos de ella, como existen la de tejidos y alimentos, y que el escritor se vuelva criatura presente en la vida de todos, a lo menos tanto como el político o industrial.

Entonces y no antes la lectura estará en su punto, como el almíbar; ni pedirá más, que fuese manía; ni aceptará menos, que sería flojedad.

Pasión de leer, seguro contra la soledad muerta de los hueros de vida interna, o sea de los más. Sírviese la lectura solamente para colmar este hondón del fastidio, y ya habría cumplido su encargo.

Pasión preciosa de fojear el mundo por mano más hábil que la propia; pasión de recorrer lo no recorrido en sentimiento o acción; arribo a posadas donde dormir soñando unos sueños, si no mejores, diferentes del propio. Y pasión del idioma, hablado por uno más donoso, o más ágil, o más rico que nosotros. Se quiere como a la entraña a la lengua, y eso no se sabe sino leyendo en escritura feliz un logro del prójimo, que nos da más placer que la nuestra, que nos llega a producir una alegría pasada a corporal, a fuerza de ser tan viva.

El cine está habituando a los muchachos a un tipo de hazaña más rápida, más vertical. Bueno será que los novelistas morosos se den cuenta de este ritmo de la generación lectora que viene. El mismo cine les está retrotrayendo a la imaginación pura, tirada y reída por nuestros padres, que fueron educados en la calva Razón.

Ahora comienza, y también por el cine vilipendiado, el amor de la lectura manca de ciencias naturales. Es cuestión de aprovechar el suceso y sacarle el beneficio posible. Obreros he visto leyendo en una sala una *Historia del Cielo,* bien ilustrada, y sé que es corriente su gusto de la aventura animal, en vidas de abejas, de elefantes y de bichos estupendos.

Por estos caminos de niñerías se puede llevar a cualquiera a la pasión de leer, hasta al lerdo y sordo, y sin más que alimentar esta avidez niña.

Lo único que importa es cuidar los comienzos: el no hastiar al recién llegado, el no producirle el bostezo o el no desalentarle por la pieza ardua. Ciencia de editor, o de bibliotecario, o de maestro: astucia de la buena, manejo de persona difícil, habilidad de entrenador.

Queden para después las limpias del material, los cuidados acérrimos del repertorio, la organización de los temas, según la ideología A o B.

Este postergar es cuidar, un racional acomodamiento del huésped, antes de contarle la heráldica de la casa de los libros.

"La lectura distrae". No siempre nos distrae, es decir, nos aparta y nos pone a la deriva, porque muchas veces nos hinca mejor en lo nuestro. Da el regusto de lo vivido y es rumia de lo personal que hacemos sobre la pieza ajena; egoístas no dejamos de ser nunca, y en la novela resobamos percance o bienaventuranza propios.

Los programas de lectura escolar u obrera no dejen de mano la poesía, o se quedarán muy plebeyos. La poesía grande de cualquier escuela o tiempo. Si lo es, tendrá garra como la bestia prócer o echará red en nosotros a lo barca de pesca.

Menos que la poesía debemos desdeñar de tontos desdenes la lectura religiosa. Escrituras sacras, todas, una por una, y nuestra *Biblia* la primera, valen por el más ancho poema épico, en resuello heroico y en forzadura cenital a sacrificio. Contienen además ellas una fragua tal de fuego absoluto, que sale de allí, cuando se las maneja a las buenas, un metal humano duro de romperse en el trajín de vivir y muchas veces apto para rehacer las vidas del mundo, cuando ellas crujen de averiadas. Los libros que hicieron tal faena, sin etiqueta de criatura religiosa, llevaban por el revés la vieja marca de la mística despedida y que regresa siempre.

¿QUÉ ES UNA BIBLIOTECA?

Una biblioteca es un vivero de plantas frutales. Cuando bien se la escoge, cada una de ellas se vuelve un verdadero "árbol de vida" adonde todos vienen para aprender a sazonar y a consumir su bien.

Lo mismo que en el vivero no hay en las bibliotecas plantas iguales aunque las haya semejantes, porque la biblioteca es un mundillo de variedad que no debe cansar nunca. Aquí están los fuertes y los dulces, los cuerdos y los desvariados, los serios y los juguetones, los conformistas y los rebeldes.

Una biblioteca es también un lindo coro de voces; ninguna de ellas desde la más aguda a la más grave es igual a otra, pero hasta las más contrastadas acaban reconciliándose dentro de nuestra alma, gran reconciliadora. Lope y Quevedo que se pelearon bastante, aquí estarán tocándose con los codos y nuestro padre el Dante, el desterrado, conversará con sus propios florentinos de los cuales divorció sus huesos.

Hasta puede decirse que una biblioteca se parece, a pesar de su silencio, a un pequeño campo de guerrillas: las ideas aquí luchan a todo su gusto. Nosotros, los lectores, solemos entrometernos en la brega sin sangre, pero lo común es que asistimos sin riesgo alguno al espectáculo gratuito y que enciende hasta a los tibios.

Los más acuden a una biblioteca por encontrarse a gentes de su credo o su clan, pero venimos, sin saberlo, a leer a todos y a aprender así algo muy precioso: a escuchar al contrario, a oírlo con generosidad y hasta a darle la razón a veces. Aquí se puede aprender la tolerancia hacia los pensamientos más contrastados con los nuestros, de lo cual resulta que estos muros forrados de celulosa trabajan sobre nuestros fanatismos y nuestras soberbias, según hacen la lima alisadora y el aceite curador.

Pero sucede también, que en ocasiones, tenemos aquí gozosos encuentros: eso pasa cuando nos hallamos con hermanos nuestros que vivieron lo mismo que nosotros vivimos y que se nos parecen como la gota a la gota de agua. Por parecérsenos, ellos nos dan todo gusto y después de haberles oído volveremos confortados a nuestras casas y nunca más nos sentiremos huérfanos.

Una biblioteca es también el barco de Simbad el Marino o la mula de los Marco Polo, o el asno de Sancho: cada libro, bien mirado, es una aventura mental, que a veces, por lo vívida llega a parecer física. Como las gentes de la provincia son sedentarias forzadas, personas no navegadas, casi unos prisioneros de pies cortados, la caminata y la navegación se la conocen solamente gracias a los Swen Hedin o las Selma Lagerlöff, o por nuestro Mariano Azuela, vuestro Martín L. Guzmán o por el "Martín Fierro" o por Benjamín Subercaseaux.

¡Qué fiesta! Vamos atravesando sierras, desiertos, cordilleras o mares frenéticos. Bastan unas pizcas de imaginación o de mera buena voluntad para hacer el viaje de bracete con el andador o jinete o esto es llevar compañía grande pues, hasta el Lazarillo de Tormes y el Periquillo Sarniento son personas de toda calidad, aunque vayan despeinados y en harapos o tengan lengua alácrita de más como Quevedo.

Una biblioteca, en ciudad pequeña, puede volverse, mejor que en ninguna parte, corro familiar de niños lectores o auditores y frecuente tertulia de adultos. Ella puede salvar a los hombres de la cantina mal oliente y librar a los chiquitos de la jugarreta en la vía pública. Pero el arte del bibliotecario es difícil: él tiene que crear el convivio de sus lectores en torno de unos anaqueles severos y fríos y el nuevo hábito le costará bastante hasta que quede plantado sobre la piedra de la costumbre vieja, que es muy terca. Para llegar a esto, la biblioteca de la provincia ha de volverse "cosaviva" como el brasero de nuestros abuelos que llamaba a la familia con sus brillos y su oleada de calor. La vida de las poblaciones pequeñas es un poco laxa, apática y mortecina. Los centros creadores de calor humano son en estos pueblos la escuela, los templos, la biblioteca. Si todos ellos colaborasen, no habría poblaciones indiferentes y sosas. Es preciso que el bibliotecario luche con la desabrida persona que se llama indiferencia popular.

Cuando la biblioteca es primera y única, los visitantes miran con desasimiento estos anaqueles alineados que se parecen a los nichos del cementerio. Entonces, hay que calentar los rimeros de libros hasta que cada uno de éstos cobre bulto y calor de seres vivos.

Son el bibliotecario o la bibliotecaria quienes irán creando la tertulia de los vecinos de esta sala; ellos darán reseña excitante sobre el libro desconocido; ellos abrirán la apetencia del lector reacio, leyendo las páginas más tónicas de la obra con gesto parecido al de quien hace aspirar una fruta de otro clima, hasta que el desconfiado da la primera mordida. A las frutas se parecen por ejemplo los libros de poesía: vuestro López Velarde vale por un tendal de fresas y Díaz Mirón por una granada recia y fina. A veces sin leer ningún texto, una biografía corta y movida despereza la curiosidad del lector hacia el autor remoto o el libro duro de majar.

Las bibliotecas que yo más quiero son las provinciales, porque fui niña de aldeas y en ellas me viví juntas a la hambruna y a la avidez de libros. Por esto mismo, yo vine a tener de adulta las fábulas que se oyen a los siete años, y hasta la vejez dura y perdura en mí el gusto del cuento pueril y del pintarrajeado de imágenes y me los leo con la avidez de todos aquellos que llegaron tarde a sentarse a la mesa y por eso comen y beben desaforadamente. Aquéllos eran otros tiempos y en las quijadas de la cordillera el único libro era el arrugado y vertical de trescientas y tantas montañas, abuelas ceñudas y que daban consejas trágicas.

CONTAR

Poco toman en cuenta en las Normales para la valorización de un maestro, poco se la estiman si la tiene y menos se la exigen si le falta esta virtud de buen contar que es cosa mayorazga en la escuela. Lo mismo pasa con las condiciones felices del maestro para hacer jugar a los niños, que constituye una vocación rara y sencillamente preciosa. Lo mismo ocurre con el lote entero de la gracia, dentro del negocio pedagógico. (El filisteísmo vive cómodo en todas partes; pero muy especialmente se ha sentado como patrón en el gremio pedagógico dirigente).

Sin embargo, contar es la mitad de las lecciones; contar es medio horario y medio manejo de los niños, cuando, como en adagio, contar es encantar, con lo cual entra en la magia.

Estoy hablando de la escuela primaria, naturalmente, sin que esto deje de cubrir también los tres primeros años de la secundaria.

La zoología es un buen contar de la criatura-león, de la criatura-ave y de la criatura-serpiente, hasta que ellas, una por una, caminen, vuelen o trepen delante de los ojos del niño, gesticulen y se le metan en el alma hasta ese como núcleo en que él tiene sentado a los demás seres con quienes entabla la linda familiaridad animal que es la mera infancia.

Se han de dar primero las estampas, todas las posibles, abundantes, numerosas estampas, sin las cuales no habrá en la sala objeto verdadero sobre el que el niño aúpe conocimiento alguno. Sobre la lámina yo pondría la aventura o el relato —muy coloreado— de la costumbre animal, ya sea dando el trozo escogido de una buena Antología Zoófila o el cuento de bestias que el profesor se sepa. Sólo después de esta doble estampa de la bestezuela, la estampa grabada y la oral, ya entraría en la descripción técnica haciéndola vigorosamente enjuta, como el trazo del aguafortista,

porque es engorrosa siempre para el niño; de ella pasaría, final-
mente, a lo del orden y la familia, que como trabajo de generaliza-
ción es bastante ingrato para el chiquito.

Caldeado el niño con el relato, echado así de bruces en el
tema, con el gusto del nadador, que se zambulle, él encuentra en la
criatura-abeja, o la criatura-león, como un elemento que le da el
gozo, y él dará dentro del tema los pasos que se quiera o, al menos,
los que permita la suma de interés levantado por la narración en
confluencia con la imagen.

La botánica no es menos contar que la zoología, al revés de
lo que algunos creen. Se cuenta con la misma arquitectura bella de
relato, la cosecha y elaboración del lino; se cuentan muchos árbo-
les americanos prodigiosos, dando al niño el mismo encantamien-
to de una fábula animal. Así el árbol del pan, así las palmeras —que
hacen tribu vegetal—, así la tagua ecuatoriana o el alerce chileno.

La geografía es siempre un contar en el gran geógrafo y un
puro enumerar huesoso y hacer cubos de cifras en el mediocre.
Reclus, el admirable, contó larga y jugosamente; Swen Hedin y
Humboldt han contado. La plaga de autores de textos de geografía
no sabe contar por boca propia ni tiene la hidalguía de citar con
largueza las páginas magistrales de los clásicos con que cuenta su
ramo. De donde viene ese pueblo feo y monótono que forman los
textos de una ciencia que es genuinamente bella, como que es la
dueña misma del panorama.

El paisaje americano es una fuente todavía intacta del bello
describir y el bello narrar. Ha comenzado hace unos pocos años la
tarea Alfonso Reyes con *La Visión de Anáhuac*, y ese largo trozo
de una maestría de laca china en la descripción ha de servir como
modelo a cada escritor indoamericano. Nuestra obligación primo-
génita de escritores es entregar a los extraños el paisaje nativo
íntegramente y, además, dignamente.

La química es también contar. Las propiedades —y no diga-
mos los usos— de cada materia dan para relatos del mejor "mara-
villoso". Yo he hecho en una escuela de obreras uno con el yodo —
producto precioso que sólo da nuestro país— y otro con las
principales resinas, por lo cual bien sé lo que aseguro.

Yo dividía hace años los temas en temas con aureola y temas sin aureola, es decir, los que se prestan a una transfiguración del asunto gracias a un comentario hábil y los que esquivan o rechazan su dignificación a criatura gloriosa. Ahora yo creo que no existen sino temas aureolados, o sobrenaturales, y que mi pereza para punzarlos hasta sacarles el esplendor era la que me dictaba aquella tonta clasificación. He leído un artículo ajeno sobre los cristales a esas mismas alumnas obreras y las he tenido dos horas como debajo de un hechizo. Sé que después de esa lectura su mirada para el simple vidrio, y no digamos para el cristal de roca, será una mirada nueva.

Sobra decir que la historia es un contar, aunque no esté de más la perogrullada para los maestros que resuelven ese ramo en fechas, lugares y apellidos.

Quedamos, pues, en que quien sabe contar donosamente tiene aprovechado y seguro medio programa.

Ahora vendría el esclarecer lo que es un buen contar.

Creo que no se sabe esto preguntándolo a un técnico en fábulas, o sea, a un escritor, sino recordando quiénes nos contaron en nuestra infancia los "sucedidos" prodigiosos que nos sobrenadan en la memoria desde hace treinta años.

Mi madre no sabía contar o no le gustaba hacerlo. Mi padre sabía contar, pero sabía él demasiadas cosas, desde su buen latín hasta su noble dibujo decorativo; era hombre extraordinario y yo prefiero acordarme de los contadores corrientes. Dos o tres viejos de aldea me dieron el folklore de Elqui —mi región— y esos relatos con la historia bíblica que me enseñara mi hermana maestra en vez del cura, fueron toda, toda mi literatura infantil. Después he leído cuantas obras maestras del género infantil andan por el mundo. Yo quiero decir que las narraciones folklóricas de mis cinco años y las demás que me han venido con mi pasión folklórica después, son las mejores para mí, son eso que llaman "la belleza pura" los profesores de estética, las más embriagantes como fábula y las que yo llamo clásicas por encima de todos los clásicos.

El narrador en el folklore no usa del floridismo, no borda florituras pedantes, ni florituras empalagosas; no fuerza con el ad-

jetivo habilidoso el interés; éste brota honrado y límpido del nú-
cleo mismo de la fábula. El narrador folklórico es vivo a causa de la
sobriedad, que cuenta casi siempre alguna cosa mágica, o extraor-
dinaria a lo menos, que está bien cargada de electricidad creadora.
Con la repetición milenaria, el relato, como el buen gimnasta, ha
perdido la grasa de los detalles superfluos y ha quedado en puros
músculos. El relato folklórico de este modo no es largo ni se en-
cuentra atollado en las digresiones, camina recto como la flecha a
su centro y no fatiga ojo del niño ni de hombre. Estas son, creo, las
cualidades capitanas del relato popular.

    ¿Y las del contador? De lo anterior se desprenden algunas de
ellas.

    El contador ha de ser sencillo y hasta humilde si ha de repe-
tir sin añadidura fábula maestra que no necesita adobo; deberá ser
donoso, surcado de gracia en la palabra, espejeante de donaire,
pues el niño es más sensible que Goethe o que Ronsard a la gracia;
deberá reducirlo todo a imágenes, cuando describe, además de
contar, y también cuando sólo cuenta, dejando sin auxilio de es-
tampa sólo aquello que no puede trasmutarse en ella; deberá re-
nunciar a lo extenso, que en la narración es más gozo de adulto
que de niño; deberá desgajar en el racimo de fábulas que se ha ido
formando las de relación caliente con su medio: fruta, árbol, bestia
o paisaje cotidianos; procurará que su cara y su gesto le ayuden
fraternalmente el relato bello, porque el niño gusta de ver conmo-
vido y muy vivo el rostro del que cuenta. Si su voz es fea, medios
hay de que la eduque siquiera un poco hasta sacarle alguna dulzu-
ra, pues es regalo que agradece el que escucha una voz grata y que
se pliega como una seda al asunto.

    Si yo fuese Directora de Normal, una cátedra de folklore
general y regional abriría en la escuela. Además —insisto—, no
daría título de maestro a quien no contase con agilidad, con dicha,
con frescura y hasta con alguna fascinación.

LA PALABRA MALDITA

Después de la carnicería del año 14, la palabra "paz" saltaba de las bocas con un gozo casi eufórico: se había ido del aire el olor más nauseabundo que se conozca: el de la sangre, sea ella de vacuno, sea de insecto pisoteado o sea la llamada "noble sangre del hombre".

La humanidad es una gran amnésica y ya olvidó esto, aunque los muertos cubran hectáreas en el sobrehaz de la desgraciada Europa, la que ha dado casi todo y va en camino, si no de renegar, de comprometer cuanto dio.

No se trabaja y crea sino en la paz; es una verdad de perogrullo, pero que se desvanece apenas la tierra pardea de uniformes y hiede a quemados infernales.

Cuatro cartas llegaron este mes diciendo casi lo mismo:

La primera: "Gabriela, me ha hecho mucho daño un solo artículo, uno solo, que escribí sobre la paz. Cobré en momentos cara sospechosa de agente a sueldo, de hombre alquilado".

Le contesto:

"Yo me conozco ya, amigo mío, eso de la 'echada'. Yo también la he sufrido después de veinte años de escribir en un diario, y de haber escrito allí por mantener la 'cuerdecilla de la voz' que nos une con la tierra en que nacimos y que es el segundo cordón umbilical que nos ata a la madre. Lo que hacen es crear mudos y por allí desesperados. Una empresa subterránea de sofocación trabaja día a día. Y no sólo el periodista honrado debe comerse su lengua delatora o consejera; también el que hace libros ha de tirarlos en un rincón como un objeto vergonzoso si es que el libro no es mera entretención para los que se aburren, si él se enfrenta a la carnicería fabulosa del Nordeste".

Otra carta más:

"Ahora hay un tema maldito, señora; es el de la paz. Puede escribirse sobre cualquier asunto vergonzoso: defender el agio, los toros, la 'fiesta brava' que nos exportó la Madre España, y el mercado electoral doblado por la miseria. Pero no se debe escribir sobre la paz: la palabra es corta pero fulmina o tira de bruces, y hay que apartarse del tema vedado como del cortocircuito eléctrico".

Y otra carta aún dice:

"No tengo ganas de escribir de nada. La paz del mundo era 'la niña' de mis ojos. Ahora es la guerra el único suelo que nos consienten abonar. Ella es, además, el 'santo y seña' del patriotismo. Pero no se apure usted; lo único que quiere el llamado 'pueblo bruto' es que lo dejen trabajar en paz para la mujer y los hijos. Tienen ojos y ven, los pobres. Sólo que de nada les sirve el ojo claro que les está naciendo y hay que oírlos cuando las radios buscan calentar su sangre para llevarlos hacia el matadero fenomenal".

Y esta última carta:

"Desgraciados los que todavía quieren hablar y escribir de eso. Cuídense del mote que cualquier día cae encima de ustedes. Es un mote que si no mata estropea la reputación del llenador de cuartilla y a lo menos marca a fuego. A su amigo ya lo miran con 'ojo bizco', como diría usted.

"La palabra 'paz' es un vocablo maldito. Usted se acordará de aquello de 'La paz os dejo, mi paz os doy'. Pero no está de moda Jesucristo, *ya no se lleva*. Usted puede llorar. Usted es mujer. Yo no lloro; tengo una vergüenza que me quema la cara. Hemos tenido una 'Sociedad de las Naciones' y después unas 'Naciones Unidas' para acabar en esta quiebra del hombre.

"¿Querrán ésos, cerrándonos diarios y revistas, que hablemos como sonámbulos en los rincones o las esquinas? Yo suelo sorprenderme diciendo como un desvariado el dato con seis cifras de los muertos".

(Ninguno de mis cuatro corresponsales es comunista).

Yo tengo poco que agregar a esto. Mandarlo en un "Recado", eso sí. Está muy bien dicho todo lo anterior; se trata de hombres

Antología de Poesía y Prosa de Gabriela Mistral

cultos de clase media y estas palabras que no llevan el sesgo de las opiniones acomodaticias a volar sobre nuestra América. ¡Basta! —decimos— ¡basta de carnicerías!

Lúcidos están muchos en el Uruguay fiel, en el Chile realista, en la Costa Rica donde mucho se lee. El "error" se va volviendo "horror".

Hay palabras que, sofocadas, hablan más, precisamente por el sofoco y el exilio; y la de "paz" está saltando hasta de las gentes sordas o distraídas. Porque, al fin y al cabo, los cristianos extraviados de todas las ramas, desde la católica hasta la cuáquera, tienen que acordarse de pronto, como los desvariados, de que la palabra más insistente en los Evangelios es ella precisamente, este vocablo tachado en los periódicos, este vocablo metido en un rincón, este monosílabo que nos está vedado como si fuera una palabrota obscena. Es la palabra por excelencia y la que, repetida, hace presencia en las escrituras sacras como una obsesión.

Hay que seguir voceándola día a día, para que algo del encargo divino flote aunque sea como un pobre corcho sobre la paganía reinante.

Tengan ustedes coraje, amigos míos. El pacifismo no es la jalea dulzona que algunos creen; el coraje lo pone en nosotros una convicción impetuosa que no puede quedársenos estática. Digámosla cada día en donde estemos, por donde vayamos, hasta que tome cuerpo y cree una "militancia de la paz", la cual llene el aire denso y sucio y vaya purificándolo.

Sigan ustedes nombrándola contra viento y marea, aunque se queden unos tres años sin amigos. El repudio es duro, la soledad suele producir algo así como el zumbido de oídos que se siente en bajando a las grutas o a las catacumbas. No importa, amigos, ¡hay que seguir!

REFERENCIAS MISTRALIANAS

La oración de la maestra: Escrita por Gabriela Mistral durante su permanencia en Punta Arenas, enero de 1919. Forma parte de la sección Prosa de su libro *Desolación*.

Palabras a los maestros: Escrito alrededor de 1918. Lo publica Roque Esteban Scarpa en *Magisterio y niño,* Editorial Andrés Bello, Santiago, 1979.

Pensamientos pedagógicos: Publicados originalmente en *Revista de Educación*, Nº 1, Año II, Santiago, mayo, 1923.

Llamado por el niño: Publicado en *Revista de Educación*, Nº 48, Santiago, junio-julio de 1948.

El elogio del niño: En *El Mercurio*, Santiago, 13 de febrero, 1944.Se recoge también en *Magisterio y niño*.

Pasión de leer : Escrito en Madrid, marzo de 1935. Lo recoge Roque Esteban Scarpa en *Magisterio y niño,* Editorial Andrés Bello, Santiago, 1979.

¿Qué es una biblioteca?: Palabras de Gabriela Mistral al inaugurar una biblioteca popular en Veracruz, México (1949). Se publica en *Repertorio Americano*, San José, Costa Rica, 10 de mayo, 1950.

Contar : Publicado en *Repertorio Americano*, San José, Costa Rica, 20 de abril, 1929.

La palabra maldita: Se publica en *Repertorio Americano,* Tomo XLVIII, San José, Costa Rica, 1 de enero, 1951. Lo recoge Jaime Quezada en su libro *Gabriela Mistral: Escritos políticos,* Editorial Fondo de Cultura Económica, Santiago, 1994.

III

Motivos Franciscanos

Motivos de San Francisco

El cuerpo

¿Cómo sería el cuerpo de San Francisco?

Dicen que de fino parecía que pudiera dispersarlo el viento. Echaba poca sombra: la sombra es como soberbia de las cosas: esa del árbol que pinta el césped o esa, de mujer que pasa empañando un instante la fuente. Apenas echaba sombra el Pobrecillo.

Era pequeñito. Como cruza un cabrilleo por el agua, cruzaba él los caminos, y más se le sentía la presencia que se le veía la forma.

Ligeros los brazos, tanto que los costados no se los sentían caídos; la cabeza, como cabezuela de estambre dentro de la flor, tenía una mecedura llena de gracia; las piernas, leves por el pasar siempre sobre las hierbas sin doblarlas, y angosto el pecho aunque fuese tan ancho para el amor (el amor es esencia y no agua que requiere grandes vasos). Y la espalda también era estrecha por humildad para que se pensase en una cruz pequeñita, menor que la Otra.

Tenía enjutos de arder los costados. La carne de su juventud se había ido junto con los pecados de ella.

Tal vez le crepitaba el cuerpecillo como crepitan de ardor los cactos áridos.

La felicidad humana es una cosa como de gravidez, y no la quiso; el dolor es otra espesura que rinde, y lo huía. Lo ingrávido era ese gozo de las criaturas que quiso llevar siempre.

Solía sentir el mundo ligero como una corola. Y él, posado en sus bordes, no quería pesarle más que la abeja libadora.

¿Quién canta mejor en los valles cuando pasa el viento? Los gruesos oídos dicen que es el río que quiebra copas entre sus cascajos; otros dicen que es una mujer que adelgaza el grito en su garganta de carne.

Pero el que canta mejor es el carricillo vaciado, donde no hay entrañas en que la voz se enrede, y ese carricillo que se enguía en el valle eras tú, menudo Francisco, el que apenas rayaste el mundo como una sombrita delgada.

LOS CABELLOS

Los cabellos de San Francisco eran no más que un vientecillo en las sienes.

La madre cuaja al niño con todas sus emociones. Le endurece la armazoncilla del cuerpo con su tremenda voluntad de amor; le hace las carnes blandas con su ternura; los cabellos se los hace con ensueños. Cuando la madre de Francisco rezaba, iba jugando con el vello dorado de la cabecita. Así se le hacía la oración más delicada y ligera.

Cuando Francisco fue mozo y las mujeres le amaron, sus cabellos no las tentaban. No eran duros y quemados con esa ensortijadura italiana que se parece a la de las yerbas más tercas y que está llena de energía. No eran tampoco rojizos para cuajarle una llama en torno del cuello, haciendo como visible el sol rojo de las llanuras italianas. Eran de aquel dorado imperceptible del césped que se seca antes de madurar, y parecían el anuncio de aquella dulzura que ya tenía subiéndole a su corazón.

LAS MANOS

¿Y sus manos?

Yo he solido encontrarlas en el reverso de una hoja que tiene vello ceniciento y afelpado.

El sayal del santo era seco y áspero; su barba era como el sayal; la mejilla, estaba un poco despellejada del sol de Asís; mas, como era áspero y gris su sayal, él tenía siempre la mano extendida hacia aquellas criaturas en que la remembranza divina se vuelve suavidad y gracia.

Se quedaban en las hierbas mucho tiempo; gozaban bien al lirio, de la base hasta la torcedura del pétalo; se dormían sobre los corderillos, por el deleite del tacto.

Pero siendo manos de varón de humildad que andaban metidas en las durezas de la vida y que no conocían óleos, siendo el dorso grueso, la palma era fina y sentidora. Al dar la mano esta palma sorprendería... Aun cuando cayeran en la hora del descanso, se le quedaban esponjadas como si estuvieran siempre guardando una flor o un copo de lana.

En las llagas de los leprosos aquellas manos eran menos que un vientecillo, de livianas.

¡Cómo le cuesta a la naturaleza amasar tales manos para la misericordia!

Después de las de Jesús se demoró mil trescientos años en tejerlas. Con más felicidad hace la curva ancha de una frente para los pensamientos numerosos.

Cuando el dolor extiende ya como una red las vísceras padecedoras de los hombres, la tierra se pone otra vez a hacer estas manos.

Y yo suelo entre las multitudes buscarlas. Porque la hora, como red de pescador, gotea de sangre, y ya es tiempo de que vuelvan a asomar aquellas manos a las puertas de nuestras pobres casas.

EL ELOGIO

Francisco, no querías alabar a los hombres porque es Uno solo el dueño de toda alabanza. A las cosas, sí, las alabanzas; ellas no se engríen. ¿Cuándo el lirio tiene un estremecimiento si se dice su blancura? Nosotros sí, el elogio nos hace un grato cosquilleo en los oídos; el pecho se nos hincha feamente.

Mucho alabamos en cambio nosotros, tanto que parecemos cambiadores de cuentas de colores, trocando alabanzas por alabanza. Por eso andamos lentos en la perfección. Si el lirio a cada pétalo que echa esperase el elogio tardaría en echar otro pétalo; si el agua cantarina aguardase que la oyesen se quedaría parada en la vertiente.

Cuando nos hacemos una mancha de impureza la ocultamos con un ademán rápido; pero en cuanto nos nace una puntita de virtud la levantamos, esperando la sonrisa del que pasa.

En vez del hambre nuestra de alabanza tú tenías un hambre de humillaciones que llegaba a parecer frenesí, mi Pobrecillo. Si un día te amanecía el alma luminosa como una pradera con rocío llamabas atribulado a un fraile menor y le pedías que te humillase diciéndote una letanía de miserias que eran mentiras.

Tú, Francisco, por humildad también, no quisiste nunca pensar como los hermanos de tu fe que Dios hizo a las criaturas: corderos, vacas, venados, para el servicio y gloria del hombre. Las criaturas nacieron para sí mismas, y por eso tú las llamabas hermanas. Nosotros decimos hasta en nuestras oraciones que las estrellas del cielo alumbran para nuestros pobres ojos de gusanillos.

Somos débiles, Francisco, como la caña que necesita del viento para oírse. Tú, el pequeño Francisco, eras fuerte porque no necesitabas al cantar oír tu canto rodando por los cerros en un collar de ecos.

La voz

¡Cómo hablaría San Francisco! ¡Quién oyera sus palabras goteando como un fruto, de dulzura! ¡Quién las oyera cuando el aire está lleno de resonancias secas, como un cardo muerto! Esa voz de San Francisco hacía volverse el paisaje hacia él, como un semblante; apresuraba de amor la savia en los árboles y hacía aflojar de dulzura su abullonado a la rosa.

Era un canto quedo, como el que tiene el agua cuando corre bajo la arenita menuda. Y cantaba Francisco sus canciones con ese acento amortiguado por la humildad. (Cantar es tener un estremecimiento más que una palabra en la voz).

El hablar de San Francisco se desliza, invisible, por los oídos de los hombres. Y se hacía en sus entrañas como un puñado de flores suavísimas. No entendían los hombres aquella suavidad extraña que nacía de ellos. Ignoran que las palabras son como guirnaldas invisibles que se descuelgan hacia las entrañas.

Hasta era mayor que el de las manos ese milagro de la voz.

Francisco no tocaba a veces el pecho de los leprosos. Les hablaba con sus manos cogidas, y el aliento era el verdadero aceite que resbalaba, aliviando la llaga.

Y se hizo Francisco boca de canciones, para ser boca de suma bondad, boca perfecta. No quiso buscar al Señor con gemidos en la sombra, como Pascal. Lo buscó en el latido de sus canciones gozosas, semejantes al latido vivo de polvo dorado que hay en un rayo de sol.

—¿Cuál es la mayor dulzura que has alcanzado allá abajo?— solían preguntar los ángeles al Señor:

Y el Señor les respondía:

—No son los panales que se vencen: son los labios siempre muy henchidos de mi siervo Francisco cantador.

Los ojos

¿Y cómo serían los ojos de San Francisco? Estaban como la hondura de la flor, mojados siempre de ternura.

Habían recogido las suavidades que tienen algunos cielos; el fondo de ellos estaba mullido de amor. Le costaba cerrarlos sobre el campo cuando anochecía, después de haber besado el mundo con la mirada desde la primera mañana.

A veces no le dejaban caminar: se prendían en un remanso o en una rama florida, como el hijo al pecho materno. Le dolían de tiernos, le dolían de amor.

Nombrar las cosas

Tú Francisco, tenías don de selección y don de elogio. Tú amaste aquellas cosas que son las mejores; caminando por la tierra, todo lo conociste; pero elegías las criaturas más bellas. Y además del don de largo amor, que es el más rico de cuanto podemos recibir, te fue dada la gracia de saber nombrarlas donosamente.

Amaste el agua como Teresa tu muy sutil hermana; el sol y el fuego, y el pardo surco de la tierra, tres bellezas diferentes, que sólo son hermanas por ser cada una perfecta.

El agua es mística como el cristal; se hace olvidar en la fuente clara, y las guijas y las vegetaciones del fondo miran el cielo, las nubes y la mujer que pasa, a través de la humildísima que se vuelve inexistente. El agua es una especie de San Francisco del mundo; es su alegría y su levedad. Hace, la loquilla, una garganta de la piedra que la rompe y se pone a cantar en ella; es ágil: tiene esa virtud que es elegancia en la pesada materia. Y en su delgadez ya más viva que los animales toscos. Donde cobra reposo se hace mirada, una profunda mirada.

Al sol lo gozaste bien por tu angostico cuerpo. Te traspasaba como a las hojas delgadas. Lo hallabas muy tierno después de la larga humedad de la gruta; era un poco excesivo, pero con el exceso del vino generoso, en tus jornadas largas por los pueblos de la Umbría, te parecía salutífero secando las llagas descubiertas de los leprosos, y muy niño cuando hace en el agua lentejita de oro...

Te gustaba sentir el fuego encendido lo mismo que el de tu pecho. Las pequeñas llamas triscadoras te parecían niños saltando en una ronda de frenesí.

Y como a pocos amantes te fue dado el saber nombrar, de precioso nombre, a las criaturas. Tu adjetivo es maravilloso, Francisco: llamas robusto al fuego, humilde y casta al agua.

Las criaturas te amaban no sólo por su santidad, Francisco, sino porque gustan del que las nombra justamente, sin abundancia de mimos, pero sin mezquindad.

Hábil tú para muchas cosas: para acomodar a un llagado en un banquito sin que sintiese su podre, y para decirles a las cosas lo que son, dándoles alegría, con la palabra bien ajustada.

Otros santos no eran así, Francisco: descuidaban o desdeñaban su lenguaje con sus hermanos inferiores, cuidando sólo el del Señor. también era parte de tu elegancia, de su gayo espíritu. Ni conversando con los surcos del campo te pudieron ver burdo, mi Pobrecillo.

Has de enseñarme esto también, Francisco, que es otra forma profunda de dulzura.

EL VASO

Tú estabas, Francisco, haciendo un vaso con un pedacito de leño.

Como habías mirado tanto las formas de las flores, y el mundo, que es también una copa, ibas haciendo el vaso con mucha hermosura. ¡Qué dedos tan ágiles los suyos, frailecillo, y qué corte tan espontáneo sobre la madera fresca! Pero era la hora de los rezos, y la embriaguez de la faena te hizo seguir labrando a la par que rezabas, y la oración te caía un poco descuidada de los labios, ¡mi Pobrecillo! El vaso te sorbía la mirada; la mano se te pegaba con ardor al cuenco, que iba haciéndose más y más hermoso. Entonces, al llegar a una palabra grande del salmo, fue como que despertaras. Te diste cuenta de que tu voz era desflorada y tibia en la alabanza. Sentiste que el demonio estaba haciéndote guiños desde tu propia obra, tentándote con la belleza, que es la tremenda tentación, y arrojaste tu vaso en la llama próxima.

¡Qué hermoso hubiera sido conservar la huella de tus dedos en ese leño, donde tal vez tallaste una hoja de lirio o de acacia! Los que hemos venido después amándote, siglo tras siglo, habríamos bebido el agua de las vertientes de Asís en ese cuenco que le habría puesto como el sabor de tu mismo corazón. Era un vaso ligero, hecho con una rama no más, y lo alzaríamos como a tu cuerpo. Estarías pulido y abrillantado de nuestros besos innumerables. Los talladores tuviesen su patrono: *Francisco, el tallador*, y los que no saben ver la gracia en tus himnos, la habrían visto cuajada en el costado de ese vaso. Pero lo echaste al fuego, Pobrecillo, porque tuviste miedo que se apoderara de tu alma el demonio de la belleza.

Hiciste bien, Francisco, porque el Señor te había puesto a hinchar solamente el vaso de tu plegaria que era perfecto, y en ese vaso se debían bañar de gracia millones de almas.

E hiciste bien en hacerlo desaparecer rápidamente de tus ojos. La belleza de la obra, Francisco, coge como un pulpo a su creador, lo aprieta con enamoramiento a su copa o a su verso. Y los hombres tienen muchos vasos que poner a su mesa; pero el Señor está sin alabanzas cuando sube la mañana o baja la noche.

EL CORDÓN

El cordón de tu sayal, Francisco, es el brazo del Señor que va de tu costado a su costado. Y como el cordoncillo representa ese abrazo, quisiste que fuera claro, de color alegre, y que se pintara bien sobre el sayal. Puesto en la mitad de tu cuerpo, lo sientes en todo él: en los pies como en la frente. A veces lo olvidas; pero al inclinarte a levantar una piedra lo sientes y te acuerdas. Sin el cordón el viento jugaría con tu sayal libremente, y tú te sentirías entregado a esa risa de la tierra; por el cordoncillo, el sayal no se bate entero y entonces tú te acuerdas. No te ciñe demasiado: deja con gozo la sangre que riega tu cuerpo; deja que puedas cargar el asno de la limosna y doblarte a lavar a los leprosos. Es gracioso el cordoncillo blanco. Se parece a los anillos claros que tienen los gusanos. Se parece a algunas pintas de las flores, que también sean una señal que les puso el Señor para reconocerlas. Todos llevamos alguna ceñidura, Francisco. En unos el cordoncillo es rojo, y se llama sensualidad, y quema; en otros, el cordoncillo es la codicia y oprime demasiado los riñones. Otros llevan un cíngulo ligero de canciones.

Poco a poco yo me voy haciendo un cintillo, semejante en torno mío. Eres tú la ceñidura que va cuajando con lentitud. Todavía no es perfecta. Ayúdame a cerrarla con tu mano hábil en ataduras. Y hazle un nudo firme porque siento que todavía me derramo fuera de él. Yo quiero que acabe pronto de cuajarse en torno a mi vida, su círculo, blanco.

LA ALONDRA

Tú dijiste que amabas a la alondra por sobre todos los pájaros, por su vuelo recto hacia el sol. Así querías que fuere nuestro vuelo.

Los albatros van sobre el mar, ebrios de las sales y los yodos. Son como olas desprendidas, que juegan en el aire, sin soltarse demasiado de las otras olas.

Las cigüeñas hacen largos viajes; han echado la sombra de su vuelo sobre el semblante de la tierra. Mas como los albatros, vuelan horizontalmente descansando en las colinas.

Sólo la alondra salta del surco como un dardo vivo y sube, bebida por el cielo. Entonces el cielo siente que la tierra ha ascendido. No le responden las selvas pesadas, que quedan abajo. Las montañas crucificadas sobre los llanos tampoco responden, ni el rodar melodioso del río.

Pero una saeta con alas subió en un ímpetu y está cantando entre el sol y el mundo; no se sabe si el pájaro ha bajado del sol o ha subido de la tierra. Está entre los dos, como una llama. Cuando ha cantado mucho, cae, rota, sobre los trigos.

Tú, Francisco, querías que tuviéramos el vuelo vertical, sin el zig-zag, hacia las cosas donde lo posamos.

Tú querías que el aire de la mañana estuviese todo asaetado por muchas alondras libres. Imaginabas, Francisco, que una red de alondras doradas flotase entre la tierra y el cielo en cada alabanza matinal.

Somos pesados, Francisco; amamos nuestro surco tibio: nuestra costumbre. Nos empinamos en la alabanza, como se empinan las hierbas. La más alta llega no más que hasta los pinos altos.

¡Sólo al morir tenemos el vuelo vertical! ¡Nunca más como tierra pesada de surco, se agregará nuestro cuerpo a nuestra alma!

La delicadeza

Una abeja se ha entrado en un lirio. Se sacudieron un poco los pétalos y ella penetró en la corola. Hace un pequeño rumor, y el lirio se mece. Estaba lleno de miel, y con el peso del polen abundante en el pistilo. La abeja sale con las alas manchadas y las patitas goteantes. El lirio se queda íntegro y sereno.

Yo quiero, Francisco, pasar así por las cosas, sin doblarles un pétalo. Que quede sólo un rumor dentro de ellas, y la suavísima remembranza de que me tuvieron.

REFERENCIAS MISTRALIANAS

Motivos de San Francisco: Entre abril de 1923 y octubre de 1926, Gabriela
 Mistral escribió estos notables textos prosísticos acerca de la vida
 de Francisco de Asís, santo del cual era muy devota y a quien admi-
 raba por sus supremas pobrezas y humildades. Se publicaron princi-
 palmente en el diario *El Mercurio* (Santiago). La totalidad de estos
 Motivos se publican por primera vez en el libro de artístico formato
 Gabriela Mistral: Motivos de San Francisco, Corporación Cultural de
 Las Condes, Santiago, 1994. (Recopilación y prólogo de Jaime
 Quezada. Ilustraciones de Tatiana Álamos).

IV

Contando a Chile

Elogio de la naturaleza

Las violetas de pequeños ojos, que empinan el aroma sin quererlo, que están enroscadas como el gusanillo mañoso por no ser vistas, pero cuyo aroma las grita como al santo lo grita su halo, y que paran en seco el paso al vagabundo.

La violeta, embalsama el pecho del cazador tendido en el acecho y le hace perder el salto del venado mientras le busca: la aguda violeta, que oye a sus propias hojas con su orejilla en alto.

La violeta, que cura, que suaviza la garganta de la niña enferma y vuelve a hacerle las palabras fáciles, como es fácil su propia hojarasca.

La violeta es suave y secreta.

La amapola que hace la nuez cerrada del sueño. La planta buena de la amapola, que no estaba ocupada, como creíamos, en hacer la flor frenética, cortada en el mejor poniente, ni en hacer siquiera la hoja abundante, parecida a la cola de las isabeles reinas, sino que estaba hinchada y endureciendo el puro globo del sueño, gracias al cual la pena se descolora, y la obsesión se sume y se acaba.

La amapola ya seca, que tiene un disco parado sobre su cabeza, con dejo heráldico y que da cada uno de los radios del disco fijo, expande, en saeta, el sueño hacia la montaña y hacia el buey blanco que era dormido ahora.

La flor del saúco, que está sobre cada anécdota de mi infancia; que cae encima de siete años de mi infancia. La flor del saúco gruesa y fina y pestañuda, con un olor fresco y doméstico.

Yo veo mi taza blanca jaspeada de azul, y el corimbo pesado que había hervido de abejas humeando para mi fiebre. El saúco era verde y blanco, blanco verdoso, como uno de los ángeles de Juan de Fiésole, y yo le estoy mirando aún contra mi cielo de Elqui.

La corre-vuela blanca, que corría por la viña como un juego fatuo y se moría en tres días. Alcanzaba las cepas enanas como yo, y les colgaba sus campanas de mentiras; yo les allegaba mi oído y nada; las golpeaba en el borde, nada. Después en la noche, la corre-vuela me enredaba los sueños en el chisme de su talle de hebra. La corre-vuela que anda como la culebra golpeando con el pecho el suelo.

El romero de Castilla, los romeros chilenos menudos y densos parecidos a la oración de frases breves, romeros de flor de un azul metido en lila, que curan todos los males en una especie de catolicidad, en la que creen los que creen desde la lepra eterna a la fiebre de una noche y que no se regatea a pecho feo ni a entraña vieja, para cumplir con lo que sabe. El romero que en mi valle comienza en los cerros y acaba en los huertos con su olor bueno que ahuyenta al brujo, con su olor sencillo que se aprende bien como dos cifras, olor honrado que da sosiego. Olor de romero en mis ropas de niñita donde estaba en un gajo por cada pieza y en colchón, áspero como de insecto seco, en el fondo de la caja.

El romero jesucristiano, gratuito como Jesucristo abundante para alcanzar a cada pobre, como Jesucristo y con Él sin alabanza y con tardío recuerdo en la repletez y la vanidad de estos tiempos.

El azahar que se abre en estrella, como las cosas felices, y que hace del naranjo nocturno un jaspe que alucina; el azahar que tiene su capital de aromas en Granada, donde para a la fuente y en la hora da su olor agudo de punzada, y que vuelve por su esencia, como grávida, una tierra y a vieja Tierra; el azahar que nos hace tambalearnos de su esencia, como la palabra de Isaías al Rabino.

El azahar amarillo de los enfermos, con olor más lejano que Omar Khayyam, amigo del corazón ciego, el cual ahora busca los aromas que son lentos, como el paso en la arena.

CHILE Y LA PIEDRA

El chileno no puede contar como un idilio la historia de su patria. Ella ha sido muchas veces gesta o, en lengua militar, unas marchas forzadas.

Esta vida tal vez tenga por símbolo directo la piedra cordillerana. Cuando yo supe por primera vez que existían unos Andes boscosos, una cordillera vegetal, me quedé sin entender. Porque los Andes míos, aquéllos en que yo me crié, aparecen calvos y hostiles y no tienen más sensualidad de color que su piedra, ardiendo en violeta o en siena, o disparando el fogonazo blanco de sus cumbres.

Al decir "los Andes", el ecuatoriano dice "selva"; otro tanto el colombiano. Nosotros, al decir "cordillera", nombramos una materia porfiada y ácida, pero lo hacemos con un dejo filial, pues ella es para nosotros una criatura familiar, la matriarca original. Nuestro testimonio más visible en los mapas resulta ser la piedra; la memoria de los niños rebosa de cerros y serranías; la pintura de nuestros paisajistas anda poblada de la fosforescencia blanco azulada bajo la cual vivimos. El hombre nuestro, generalmente corpulento, parece piedra hondeada o peñón en reposo y nuestros muertos duermen como piedras lajas devueltas a sus cerros.

El lenguaje está lleno de sentidos peyorativos para la piedra, pero yo hija suya, quiero dar los aspectos maternales que ella tienen para el indo-español. La piedra lo construyó todo en el Cuzco y en el Yucatán precolombinos, y en la Colonia española ella volvió a prestarse para levantar el templo, la casa gubernamental y las amplias moradas que todavía proclaman un estilo de vida de gran dignidad. La piedra es la meseta sudamericana, es decir, la aristocracia de clima, de luz y de vistas; ella regala los lugares más salubres, donde no existen la marisma ni la ciénaga, enemigas del aliento y de la piel.

Abandonada por cuatro siglos, la constructora parece ahora regresar, aunque sea molida en la llamada piedra artificial, señora en Nueva York y en Río de Janeiro; vuelve ella restableciendo en el horizonte lo aquilino, lo avizor, el poder sobre el espacio y el alarde de la luz.

La piedra forma el respaldo de la chilenidad; ella, y no un tapiz de hierba, sostiene nuestros pies. Va de los Andes al mar en cordones o serranías, creándonos una serie de valles; se baja dócilmente hacia la llamada Cordillera de la Costa, y juega a hacernos colinas después de haber jugado a amasar gigantes en el Campanario y en el Tupungato. Ella parece seguirnos y perseguirnos hasta en el extremo sur, pues alcanza a la Tierra del Fuego, que es donde los Andes van a morir.

Pero, se dirá, la vida no prospera sobre la roca y sólo medra en limos fértiles. ¿Dónde escapan de ella para crear la patria?

Y la respuesta está aquí. Todos recuerdan los castillos feudales y los grandes monasterios medievales de Europa, cuyo muro circulante es de piedra absoluta, de piedra ciega que no promete nada al que llega. La puerta tremenda se abre y entonces aparece un jardín, un parque, un gran viñedo y otros verdes espacios más.

Chile da la misma sorpresa. Se llega a él por "pasos" cordilleranos y se cae bruscamente sobre un vergel que nadie se esperaba; o bien se penetra por el Norte, y pasado el desierto de la sal, se abren a los ojos los valles de Copiapó, el Huasco y Elqui, crespos de viña o blanquecinos de higueral; o bien se entra por el Estrecho de Magallanes, y se recibe un país de hierba, una ondulación inacabable de pastales. Se avanza hacia el centro del país con el aliciente de esta promesa botánica y allí se encuentra, al fin, el agro en pleno del llano central, verdadero Valle del Paraíso, tendido en una oferta de paisaje y de logro a la vez. La región es nuestra revancha tomada sobre la piedra invasora, una larga dulzura donde curar los ojos heridos por los fijos cordilleranos.

El país llamado por muchos "arca de piedra", lo mismo que el cofre de los cuentos árabes, cela este largo tesoro. Por lo cual la clasificación de Chile se hace harto difícil. Allí existe tanta blandura de limos bajados de la mole cordillerana, y corre tanto resplandor floral a lo largo de las provincias centrales, y es tan ancha la banda de pomar que cubre el sur, que el clasificador simplista se ve en apuros: la piedra se retiró bruscamente hacia el este; el desierto del norte se anula como una ilusión óptica y el famoso Chile frío, de la nutria y los pingüinos se le deshace como un juego de espejos. Un sol semejante al que alabaron los poetas mediterráneos, brilla sobre el Valle Central, humanizando paisaje y costumbre, y la raza hortelana labra magistralmente, porque el chileno cuenta desde sus orígenes cuatro mil años de sabiduría agrícola vasco-árabe-española.

RECADO SOBRE EL COPIHUE CHILENO

La trepadora clasificada con el nombre galo-latino de *Lapageria Rosea* es primero la sorpresa, luego el deleite, de exploradores y turistas que alcancen los bosques del sur de Chile.

Los geógrafos llaman Trópico Frío a la región, y aunque el mote sea contradictorio, corresponde a esas verdades que llevan cara de absurdo; la australidad chilena es húmeda y helada; pero se parece al trópico en la vegetación viciosa y en el vaho de vapor y de aromas. Por esto no hay viajero que alcance a Chile y se quede sin conocer nuestra selva austral, y ninguno tampoco deja la región sin buscar el copihue araucano hasta dar con él.

Los textos escolares azoran a los niños con este dato: El copihue, indigenísimo, se relaciona por el nombre con. la Emperatriz Josefina Bonaparte. Yo me escandalizo de ello tanto como los niños; pero son los sabios quienes bautizan; el Adán científico no nace todavía en la gente criolla y fue un francés quien bautizó a nuestra flor sin mirar a su piel india. Menos mal que Josefina fue una francesa criolla de Martinica. Quédese en los textos escolares el apellido latino; dentro de Chile no se llamará nunca sino "copihue", mejor con la h que con la ge que algunos le dan. (La "h" aspirada, bien querida del quichua-aimará, es más área que la gruesa "g"; parece el resuello de la cosa nombrada, la acaricia y no la daña).

La flor del copihue sube en tramos bruscos de color, desde el blanco búdico hasta el carmín. Las flores rojas llaman a rebato; las rosadas no alcanzan al sonrojo y las blancas penden de la rama en manitas infantiles. La popularidad se la arrebata el primero, en un triunfo que parece electoral; pero yo me quedo con el vencido, es decir, con el copihue blanco y su pura estrella vegetal. La preferencia torera del rojo es la misma que ganan el clavel reventón y la rosa sanguinolenta, sólo por el guiño violento.

La campánula estrecha, más tubo que campana, mima el tacto con una camelia. El largo suspiro del copihue no se exhala al aire, cae hacia los follajes o a la tierra; en vez de erguirse, él se dobla con no sé que dejadez india, a causa del pecíolo delgadísimo. La laciedad del copihue parece líquida; la enredadera gotea o lagrimea su flor.

Más perseguida que el huemul, la enredadera ya no se halla en la selva inmediata a los poblados ni a las rutas. El buscador tiene que seguirla por los entreveros, pero la encontrará con más seguridad que al dudoso cervatillo chileno.

Echada sobre el flanco del laurel; a veces gallardeando desde la copa y cubriéndola, hallará a la muy femenina, cuyo humor es de esquivarse y aparecer de pronto. A grandes manchas, o en festones colgantes, o en reguero de brasas, el copihue estalla sobre los follajes sombríos y para al buscador con sus fogonazos, que suben por las copas, corriendo en guerrilla india.

La trepadora rompe la austeridad enfurruñada del bosque austral; los desentumece y casi lo echa a hablar. El acróbata de los robles y el bailarín de las pataguas hostiga a sus árboles-ayos con el torzal de cohetes ardiendo. Menos violentas que las guacamayas, pero en bandas como ellas, las colgaduras del copihue alborotan y chillan sobre la espalda de los Matusalenes vegetales.

Me conmueve la metáfora popular que hace de nuestra flor la sangre de los indios alanceados; pero yo no quiero repetirla para no mentirme. El copihue no me recuerda la sangre sino el fuego, el cintarajo del fuego libre y la llama casera; el fuego fatuo y el diurno; el bueno y el malo; el fuego de todos los mitos.

La enredadera-tábano, picando la selva, hace trampas como todos los espíritus ígneos: es el duende en escapado por los follajes; es el trasgo burlador y también la salamandra ardiendo. ¡Qué santones impávidos resultan los arbolones mordidos aquí y allá por las pinzas rojas que lo atan y desatan con su alambrería abusadora! A veces se ven el alerce o el canelo igual que Gulliveres, mofados de la trepadora que los zarandea por las greñas.

¡Mañosa y linda fuerza la suya! Aunque apenas garabatee al gigantón con su raya, atrapa los ojos y hace olvidar al árbol entero.

En cuanto lo divisan el niño o la mujer, ya no miran al tutor; sólo al intruso que se balancea en lo alto, medio-lámpara, medio-joya. Razón que les sobra: únicamente en la orquídea, el Dios cincelador hizo más y mejor que en el copihue de Chile. (Y estas dos parásitas próceres que corren su maratón de campeones florales, coinciden en la gracia de su elegancia y en la desventura de carecer de todo olor).

El copihue maravilloso y maravillador ha debido crear sus mitos: es seguro que anduvo del Bío-Bío al Bueno en cantos de amor y de guerra que desaparecieron. Cuando el indio pierde la tierra, lo demás se va con ella o se arrastra un tiempo sobre el polvo antes de acabarse.

Los poetas celebran constantemente la escarapela botánica y nacional. El penquista suele decir: "Verdugo Cavada dijo el copihue y Pérez Freire lo hizo cantar". Así es: el mejor de nuestros músicos populistas cogió la consabida corola roja y la aventó a los aires en una canción que corre de boca en boca desde la Patagonia a las islas Aleutianas.

Después de la canción afortunada han llovido las honras sobre la enredadera austral: los maestros rebosan lo botánico contándola en un regusto de amor y predican la flor local en una especie de catequización patriótica. Los lápices infantiles se regodean en su forma y el copihue se hombrea en los cuadernos de dibujo con la bandera nacional, repitiendo uno de sus colores y hasta en competencia con su estrella.

En poco más llegará a los "stadiums" y los "auditoriums" de las Universidades a coronar a campeones y togados en los días de solemnidad. Las mesas de Lúculo servidas en los banquetes oficiales ya la tienen por "sendero" o "pasarela" o franja de sus manteles. (Tanto como el copihue resulta inhábil para búcaro y ramo, es válido para guirnalda; más que esto, él es la guirnalda natural y por excelencia, lograda sin la rosa clavadora y sin el jazmín duro de arquearse).

Esta pasión está bien fundada como el buen amor: el copihue tuvo la humorada de nacer y darse sólo allí, en la extremidad chilena, donde el globo terrestre se encoge en una última curva brusca, se enfría sobre ella, y antes de acabar se angeliza en helechos, musgos y copihues, asustando, con su fuego, a la nieves vecinas. (Así asustarían a Magallanes las fogatas del último Estrecho).

Procuraré decir mi copihue indio, y decirlo por regalárselo a quien lea; y me doy cuenta al terminar de la inutilidad del empeño. Nadie da en palabras ni la flor ni la fruta exóticas. Cuando un mexicano me contó en Chile su "mango" de oro, yo no recibí contorno ni jugo de la bella drupa, y aprender sólo es recibir; cuando en Puerto Rico me alabaron la poma-rosa, tampoco entró por mi boca el bocado oloroso ni crujió entre mis dientes. Es la voluntad de Dios que cada fruta y cada flor sean iniciaciones directas. "Saberlas" quiere decir aspirarlas y morderlas; y como para mí la novedad de cada especie frutal o floral vale tanto como la de un país, y nada menos, digo a quien leyó, que, si desea tener el copihue chileno, vaya a verlo a Cautín, y no lo compre en las estaciones de ferrocarril sino que llegue hasta el bosque y los desgaje allí mismo con un tirón ansioso. No vaya a creer que supo algo porque leyó dos páginas acuciosas e inútiles de la contadora que hizo este Recado en vano.

Menos cóndor y más huemul

Los chilenos tenemos en el cóndor y el huemul de nuestro escudo, un símbolo expresivo como pocos y que consulta dos aspectos del espíritu: la fuerza y la gracia. Por la misma duplicidad, la norma que nace de él es difícil. Equivale a lo que han sido el sol y la luna en algunas teogonías, o la tierra y el mar, a elementos opuestos, ambos dotados de excelencia y que forman una proposición difícil para el espíritu.

Mucho se ha insistido, lo mismo en las escuelas que en los discursos gritones, en el sentido del cóndor, y se ha dicho poco de su compañero heráldico, el pobre huemul, apenas ubicado geográficamente.

Yo confieso mi escaso amor del cóndor, que, al fin, es solamente un hermoso buitre. Sin embargo, yo le he visto el más limpio vuelo sobre la cordillera. Me rompe la emoción el acordarme de que su gran parábola no tiene más causa que la carroña tendida en una quebrada. Las mujeres somos así, más realistas de lo que nos imaginan.

El maestro de escuela explica a sus niños: "El cóndor significa el dominio de una raza fuerte; enseña el orgullo justo del fuerte. Su vuelo es una de las cosas más felices de la tierra".

Tanto ha abusado la heráldica de las aves rapaces, hay tanta águila, tanto milano en divisas de guerra, que ya dice poco, a fuerza de repetición, el pico ganchudo y la garra metálica.

Me quedo con ese ciervo, que, para ser más original, ni siquiera tiene la arboladura córnea; con el huemul no explicado siquiera por los pedagogos, y del que yo diría a los niños, más o menos: "El huemul es una bestezuela sensible y menuda; tiene parentesco con la gacela, lo cual es estar emparentado con lo perfecto. Su fuerza está en su agilidad. Lo defiende la finura de sus sentidos: el oído delicado, el ojo de agua atenta, el olfato agudo. Él, como los ciervos, se salva a menudo sin combate, con la inteligencia, que se le vuelve un poder inefable. Delgado y palpitante su hocico, la mirada verdosa de recoger el bosque circundante; el cuello del dibujo más puro, los costados movidos de aliento, la pezuña dura, como de plata. En él se olvida la bestia, porque llega a parecer un motivo floral. Vive en la luz verde de los matorrales y tiene algo de la luz en su rapidez de flecha".

El huemul quiere decir la sensibilidad de una raza: sentidos finos, inteligencia vigilante, gracia. Y todo eso es defensa, espolones invisibles, pero eficaces, del espíritu.

El cóndor, para ser hermoso, tiene que planear en la altura, liberándose enteramente del valle; el huemul es perfecto con sólo el cuello inclinado sobre el agua o con el cuello en alto, espiando un ruido.

Entre la defensa directa del cóndor, el picotazo sobre el lomo del caballo, y la defensa indirecta del que se libra del enemigo proque lo ha olfateado a cien pasos, yo prefiero ésta. Mejor es el ojo emocionado que observa detrás de unas cañas, que el ojo sanguinoso que domina sólo desde arriba.

Tal vez el símbolo fuera demasiado femenino si quedara reducido al huemul, y no sirviera, por unilateral, para expresión de un pueblo. Pero, en este caso, que el huemul sea como el primer plano de nuestro espíritu, como nuestro pulso natural, y que el otro sea el latido de la urgencia. Pacíficos de toda paz en los buenos días, suaves de semblante, de palabra y de pensamiento, y cóndores solamente para volar, sobre el despeñadero del gran peligro.

Por otra parte, es mejor que el símbolo de la fuerza no contenga exageración. Yo me acuerdo, haciendo esta alabanza del ciervo en la heráldica, del laurel griego, de hoja a la vez suave y firme. Así es la hoja que fue elegida como símbolo por aquéllos que eran maestros en simbología.

Mucho hemos lucido el cóndor en nuestros hechos, y yo estoy porque ahora luzcamos otras cosas que también tenemos, pero en las cuales no hemos hecho hincapié. Bueno es espigar en la historia de Chile los actos de hospitalidad, que son muchos; las acciones fraternas, que llenan páginas olvidadas. La predilección del cóndor sobre el huemul acaso nos haya hecho mucho daño. Costará sobreponer una cosa a la otra, pero eso se irá logrando poco a poco.

Algunos héroes nacionales pertenecen a lo que llamaríamos el orden del cóndor; el huemul tiene, paralelamente, los suyos, y el momento es bueno para destacar éstos.

Los profesores de zoología dicen siempre, al final de su clase, sobre el huemul: una especie desaparecida del ciervo.

No importa la extinción de la fina bestia en tal zona geográfica; lo que importa es que el orden de la gacela haya existido y siga existiendo en la gente chilena.

ELOGIOS DE LA TIERRA DE CHILE

Las cosas mejores vistas en la tierra de Chile, primero en treinta y tres años de tenerla contra el pecho y, después, en doce de llevarla en la memoria, pueden ser éstas y podrían ser más.

1. LA CORDILLERA

La primera estación del elogio para la Cordillera, terriblemente dueña de nosotros, verdadera matriz chilena, sobre la cual nos hicimos, y que, más voluntariosa que la otra, no nos deja caer: vivimos bajo ella sin saberlo, como el crustáceo en su caparazón, y nos morimos dentro de su puño señor. En los valles, ella nos quita cielo, en las abras, ella nos lo devuelve.

Cordillera regaladora de aguas donde es preciso, y más de nieves que de aguas; pero, en verdad, hogar puro de fuego en unos volcanes adormecidos, que no dormidos. Cordillera despistadora, con su lomo cierto, y que de pronto se acuerda de su vieja danza de ménade y salta y gira con nosotros a su espalda.

2. EL MAR

La segunda hermosura chilena la atribuyo al mar. Magallanes lo nombró a lo mago, para que el nombre adulador lo domase o lo conmoviese.

Agua grande hasta el Asia, agua solemne de verdes grises, y hacia el Polo, agua loca de cardúmenes de islas, siempre posibles de navegar y no fácil de navegar, muy mar, es decir muy dueño de voluntades y antojos.

Hasta siete gorgueras de oleaje se le cuentan en la costa de La Serena. Mar lujoso y frío antes de llegar al trópico, donde dejará las leches verdosas para no tener en adelante sino su azul de hosanna.

Las gaviotas quieren estas aguas más que las tropicales; los pingüinos hacen su guardia hacia Tierra del Fuego, en unas armadas ingenuas o en unas praderas de pechugas blandas; la ballena aparece donde se la piensa, y donde no se la piensa también, y los témpanos la hacen, en sus postrimerías, un agua fantasmal, poblada de legiones fantasmales.

3. Mineros y navegantes

El tercer elogio es, naturalmente, para mineros y navegantes. Se puede ser sobre la tierra de Chile cualquier otra cosa; pero siempre, y de algún modo, se habrá sido navegante o minero, arañador de lo más terco o paseador de lo más dócil.

Los hombres nacen en Atacama y Coquimbo marcados por un demiurgo para la mina en lomo y costado, prevenidos para la barreta y el pico, y nacen también con el metal asomado en sus ojos anchos de hombres de cerros, que gozan mucha luz en las infancias y ninguna después, aparte de las que les da el metal en fogonazos repentinos.

El minero habla en su vejez con un ritmo que no tenemos los de arriba, con las subidas y bajadas de la barreta salvaje y musical, y a mí me parecían sus hablas unos "arrorrós" y unas "nanas" muy extraños cuando los oía en las noches de Elqui, a la orilla de la fogata. La barreta les "pena" en la garganta diez años después de que la dejaron.

Ahora los marinos. Antes de que la América aprendiese amor de barcos, el chileno navegó convidado por su costa y laceado por la marea, que cuando sube no busca dunas, sino pasto de hombres para su aventura.

Navegamos trópico arriba en trueque de frutos y navegamos capricornio abajo, en busca de la ballena y el lobo de mar; y hacia el Oeste navegamos para irnos a encontrar, como en un cuento, la isla nuestra de Pascua, en la Oceanía, cazada por nosotros allí, en mar remoto, tal vez sólo por eso, porque no se quedase muerto para nosotros el gran Oeste.

En los Talcahuanos y los Corrales fundamos industria de veleros y barcos. Quien recibió mucho mar queda comprometido con todas las artesanías marinas. En cualquier caleta se tejen redes con manos chilenas, que, cuando hacen, siguen y persiguen. De Talcahuanos salen orondos otra vez para el agua los barcos que desquijarran las tormentas o las lindas criaturas nuevas que llaman goletas.

4. Las alamedas

La cuarta estrofa alabadora se la mandamos a las alamedas.

Campos de Colchagua o de Concepción, civiles campos limpios de barbarie, grandes aseos verdes, bien está que no los partamos con muros chatos ni con alambreras plebeyas: los tajamos por la espada doble de una alameda, parcelamos con las lindes gruesas y esbeltas del álamo innumerable de California o del chopo español.

Tenemos la costumbre de ir del pueblo al pueblo, de hacer la legua o la milla marchando dentro de cañón umbroso de una alameda, de un lado oriente, del otro poniente, o de una parte cielo tenebroso y de la otra unas bellas lunas francas.

Los arrieros de metal o de frutas van arriando entre este doble amparo de álamos leales, y cualquier camino nuestro nos toma en una pausa de alameda y nos deja en el remate de la otra.

Andamos errando por extranjerías, y si nos miran los extraños en la hora del descanso, cuando el alma sube y se derrama sobre la cara, si nos ven ellos esas sombras que pasan o se quedan, aquello será un cono roto de alamedas o la lengua de un álamo solo que cae sobre nosotros.

5. Araucaria y algarrobo

La quinta aleluya la ponemos sobre dos árboles de Chile, que son la araucaria, sin superlativos, y el árbol del yermo que mentamos "algarrobo".

La araucaria se lanza al cielo con una masa violenta de ímpetu y suave de grosura. Después de ella y de la palmera real, todo el resto puede llamarse plebe botánica, más o menos donosa y más o menos feliz, que ellas dos, palma y araucaria, dieron el mejor gesto y lo gastaron. Después que se la vio, contra cielo duro o contra cielo blando, el ojo se queda en el reposo del hombre del Loire que fue y volvió de Chartres.

La araucaria penetra su bajo cielo araucano, dejando cuarenta metros a costado y costado, y acepta sobre sí la nube baja, que no la agobia ni la afea, o consiente sobre su bulto entero la niebla, que hace con ella el mayor y el mejor de los fantasmas. La muy ancha se adelgaza en cielo y en valle grande, y sólo en las quebradas asusta y hace gritar; la muy hojosa se aligeró a cuchilladas horizontales, con lonjas de cielo entre los brazos; la muy verde, brotada entre grises negros de cielo y suelo, se compuso, a lo señora, un verde real, exento del descoco de los otros desalentados.

Ni necesitaba dar frutos la que cumple con ser y estar; pero los da, dentro de una piñas pulidas, en almendras cuyo sabor anda en boca de indios. El fruto se masca en invierno, cuando el durazno ya no parece y las últimas uvas ya pararon en pasas o en vino.

Quien no goza araucaria, porque no tiene lluvia o vive en serrana calva, ése posee, aunque apenas lo mire, su algarrobo de la soledad seca.

Al tronco duro, pensado en metal, le alcanzan unas savias afligidas para echar un follaje mimoso, y, en consecuencia consigo mismo, da unas bayas, también metálicas como el leño, y ellas son las que suenan en el viento y los vientos.

Quiere eternidad el pobre algarrobo, cuyo leño dura el siglo y lo pasa. Los muchachos no le buscan la poca sombra; el arriero y su mula se la quieren el rato que dura el comer y el acinchar; no sé si el leñador, que es su hombre, lo ama o lo detesta cuando pelea con él de veras cuerpo a cuerpo, como fiera y fiera, horas de horas, hasta que el recto se tumba y el agazapado se endereza.

En la tierra de Coquimbo, donde quemamos algarrobos en

la noche de helada, tan mineros parecen los leñadores como los
otros, o son los mismos en la lucha con tronco o su metal.

6. Los frutos

La sexta bienaventuranza se la llevan los frutos, es decir, el huerto
chileno, que hacemos lo mismo las mujeres que los hombres.

El durazno y el damasco (melocotón y albaricoque), el man-
zano y el peral, serán lindos en otras partes donde tenían costum-
bre de dos mil años; pero allí están como se estarían en el aire,
también de nuevo, del paraíso.

La manzana de Cautín y Valdivia engruesa sin caer en des-
abrimiento y no conoce la acidez de la pretendiente californiana.
Fruta de callado y largo aroma, si no fuese tan grata a la lengua, la
pondríamos a echar aroma, y nada más que aroma, en armarios y
alacenas. Ella es más señora, por menor exagerada, que la piña y
también más fiel en su demorar, en su tardarse, doblando el año,
intacta de contorno y entraña.

La pera le anda a la zaga, con las perfecciones opuestas: con-
tra la sequedad de la austera, ella tiene su chorro de jugo; contra la
forma clásica de fruto, ella ofrece sus jorobitas y su escorzo de
niño.

El durazno se da con mil carnazones y sabores: rojea,
amarillea y blanquea en una leche verdosa, y sus nombres euro-
peos de Victoria o Rivero ya no le sirven porque ha mudado y lo
han mudado en un laberinto de géneros novedosos, y ya no valen
los sustantivos para él, sino los adjetivos mejor nombradores:
carnudo, enjuto, suave, recio, tierno, fundido.

7. Archipiélagos

La séptima estancia del elogio se aplica a los archipiélagos del Sur
y a su desenfreno de penínsulas y canales.

Una mitología hubiese contado que un pez monstruoso vino

del Polo Sur y que a cuarto de camino hacia el Ecuador fue desovando y desovando, y dejó atrás ese reguero loco de islas. El pez solar se fundió, alcanzando agua tibia, y los cardúmenes no repitieron el viaje. Allí quedaron en núcleo de Osas Mayores y Andrómedas, en constelaciones verdes sobre un mar que es gris, como el bulto del pingüino. Se llaman con nombres atrabiliarios, propios y extranjeros, hasta que los rebauticemos con todas nuestras criaturas que hay que mentar de nuevo: Hannover, Wellington y Reina Adelaida.

Las gentes de gustos cómodos navegan los canales hacia el verano, por tener cielo claro y aguas sin trampa. Pero es en el invierno cundo el agua austral tiene lo suyo y entrega lo suyo, que son sus dioses huidizos. Entonces se les navega con un cortejo de témpanos destacados en santos rectángulos o en procesión de fantasmas que siguen al barco y lo toman y lo dejan en unos lugares aborrecidos del marino y a que los curiosos deseamos llegar.

Una niebla morada o amarillenta emboza las islas y ciega los barcos, niebla zorra, que dicen los marineros, por mañosa y traicionera.

No es tan perverso este último mar como lo contaron, ni tan salvaje que no le guste novedad de navegación y servidumbre de capitán. Suele tener su sol, y es el más tierno sol de este Mundo cuando se come en horas la niebla rala y deja ver la última tierra chilena, partida en lucha por persistir y alcanzar el Polo o la nada.

8. ARTESANÍAS

El octavo regaloneo de la alabanza se les dirige a las artesanías criollas y araucanas, a los muñecos de barro que venden en la Feria de Chillán, a los vasos de cuerno que vocean en Santiago sobre las gradas de la Catedral y a los "choapinos" clásicos de la Araucanía.

Las figuritas están hechas en un barro que vuelven de negro entrañable y que es tan bello como el blanco por su antojo de absoluto.

Hacen en él, sobre él y por él bestiarios nunca vistos: caballos que se pasan a venado, pavos que se deslizan a gallo, vacas que van para alpaca; ensayan ellas la marcha de una forma a otra, no se paran en ninguna y a causa de ello la serie de los modelos no se agota. Esos alfareros, esos amasadores, esos imaginarios, tienen presente cuando contornean y soban las primeras formas de este mundo, antes de que se hincaran en tipos, las que balaceaban entre dos o tres intenciones muy a su gusto de no decidirse y no acabar de ser lo que ya iban a ser.

Los vasos de cuerno andan con unos colores rubio avena, rubio cáscara, rubio maíz, lindamente veteados al azar en franjas más prietas; hacen el agua que se bebe en ellos provocadora la sed y el ojo la mira con gusto mientras la boca sorbe.

Se pliegan esos vasos, porque siven más a viajeros que a sedentarios; se llevan en la mano cerrada o se echan al bolsillo sin que lo abulten.

El cuerno costrudo, terco y feo, pasa a ser en ellos, gracias a la mano rebosadora, una materia nueva, medio carne de niño, medio guija de arroyo, y al beber tenemos al mismo tiempo en la mano un agua de oro y en las palmas ese tacto amable.

Los "choapinos" los hace, desde que el sol alumbra artesanías, la india araucana sobre sus rodillas, y teje acompañando el ritmo del telar con la extraña canción araucana, sin comienzo ni remate.

El choapino se corta, ni tan grande que se pase a tapiz ni tan pequeño que se vuela nadería. Lo cortan de seis cuartas por ancho, o de ocho por diez, porque es más bonito el retánculo que el cuadrado y menos engorroso que el círculo. Sobre el cuadrado severo arden con fuego quieto unas cruces svásticas en granates o azules, y unos rombos amarantos, unas grecas de coloración eléctrica. Ni flores ni hojas, ni alas o garras de animal, ni cosa que obligue a la curva pérfida, sino dos rayas recias que se cruzan o se soslayan de cuantos modos es posible cruzarse o soslayarse.

El choapino sirve para los usos que se le ocurra a la mujer, que siempre serán muchos: calienta los pies del apoltronado, que no camina en las lluvias de Cautín; cubre la mesa, que sin él parece cruda o como menos honesta; regalonea la cabeza cuando lo hacen cojín, o es claveteado sencillamente sobre un muro, donde da a los ojos vagos sus crucecitas precisas en que se hinquen o les regala el gozo puro de su color. En la pieza genuina, que los mestizos van degenerando, los colores del fondo rodaban siempre entre un negro topo, un café ciervo o un gris culebra, tintes que iban muy bien con el alma sin fiesta del araucano, la cual huye color de sol, de pájaro o piedra preciosa, que él nunca tocó en su suelo de lluvia, niebla y nieve.

Y este choapino severo, en geometría seca y viril, lo tejen sobre lana para que tenga algunas ternuras, y son ésas unas lanas bien ahiladas y bien apelotonadas. Aunque el mestizo se las imite por hacer trampa, la palma de la mano reconoce la pieza verdadera en la suavidad consumada del anverso y en el decoro de los remates del reverso.

9. La cueca

El noveno jalón de la memoria es para la cueca.

Cuando septiembre nos devuelve los días buenos y en las lonjas de viña o de trigo, la vendimia o la trilla, se quiebra el invierno, la cueca comienza a hervir en nosotros como un mosto; la cueca va y viene en la luz de los valles lo mismo que las lanzaderas que corren a lo ancho del telar.

Hombres de remo y de azada y mujeres de cunas y podas, todos ellos carne batida de tirsos, abren sobre la era grande o en el patio de la casa la cueca que es la pelea de dos temas y de dos expresiones. El canto y el baile suben y bajan de la violencia a la melancolía; el frenesí se rompe en la ternura y a lo largo de las estrofas ninguno acabará ganando.

Limos del Llano Central, costras de la pampa o playas nuestras, todo eso ha saltado y gemido como un tambor loco de los talones bailadores, toda tierra chilena ha clamoreado de un tacóneo febril, que se parece al de los pisadores del lagar.

La cueca tiene doble entraña y doble índole porque la bailan hombre y mujer, y a los dos, a varón y a varona, ha de complacer y manifestar. Por eso ella tiene del fuego y del aire, del reto y del acatamiento.

Va el hombre en un enroscado torbellino y la mujer sale a su encuentro, casi se deja coger de la llamarada, y luego lo burla con el bulto, sin quitar al hombre la presencia y siguiéndole con su vista amante.

La cantadora "lacea" con rasgueo y voz a la pareja hazañosa; pero el coro, que aquí no es mudo, lanza sobre ella demás las interjecciones que adulan o escuecen, que mofan y alaban.

Vuelan sobre el grupo báquico los pañuelos, el alcohol y la pasión.

La raza sin muerte, caldo de una sangre subtropical, cuerpos que están vivos de mar o de luz de altura, baila su orgullo vital, bate su entraña que no quiere ensordecer, danza la vieja gesta del amor cerca del mar, que se la enseñó frenética, y de la montaña, que se la contó ritual.

REFERENCIAS MISTRALIANAS

Elogio de la naturaleza: Publicado en *El Mercurio*, Santiago, 11 de junio, 1993. Roque Esteban Scarpa lo recoge en *Elogio de las cosas de la tierra,* Editorial Andrés Bello, Santiago, 1979.

Chile y la piedra: Se publica en *El Mercurio*, Santiago, 24 de abril de 1944. Lo recoge Alfonso M. Escudero, O.S.A. en *Recados contando a Chile,* Editorial del Pacífico, Santiago, 1957.

Recado sobre el copihue chileno: Esta botánica, ecológica y étnica estampa sobre la flor nacional chilena, fue escrita por Gabriela Mistral durante su permanencia en Petrópolis (1943). Se publica originalmente en *La Nación*, Buenos Aires, 5 de diciembre de 1943. También en *Recados contando a Chile.*

Menos cóndor más huemul: Publicado en *El Mercurio*, Santiago, 11 de julio, 1926. También en *Recados contando a Chile.*

Elogios de la tierra de Chile: Escrito durante la permanencia de Gabriela Mistral en Madrid (1935), donde cumplía funciones consulares. Lo recoge Roque Esteban Scarpa en *Gabriela anda por el mundo,* Editorial Andrés Bello, Santiago, 1978.

V

Recados Mexicanos

Recado sobre los Tlálocs

Los Tlálocs eran muchos en la mucha tierra de México. La meseta de Anáhuac gozaba de poco riego, a pesar de su nombre; la tierra de Yucatán era más seca todavía, y los Tlálocs húmedos se fueron entonces a ser dioses de esos pueblos. Ellos vivían en las altas montañas, sin que faltasen, a cerros y a colinas tomándolos por suyos a causa de que recogen nieves y aguas, las hacen correr por su cuerpo vertical, las reciben y las entregan.

Siguiendo a las aguas los Tlálocs bajaban de las alturas hasta las riberas de los ríos, o se quedaban regodeándose en los lindos lagos del país que llaman Chapala o mientan Pátzcuaro; o bien daban el salto al cielo y corrían en las nubes cargadas, entrometiéndose arriba con relámpagos y truenos. Era el negocio de los Tlálocs gobernar lluvias y era su cuidado repartirlas bien: el mayor de ellos, se había casado nada menos que con la diosa del Agua, Chalchihuitlicue, "la de traje color jade".

Los Tlálocs no eran ni mozos ni viejos: eran como es el indio. Con su cuerpo de todo tiempo y su vida sin atajo, al igual de la meseta, ellos veían nacer un pueblo, aumentarse y parar en ciudad, y miraban a las gentes aprender los oficios y sobre todo, el cultivar el maíz, el algodón y el maguey, que dan el pan de comer, el tejido arropador y la bebida de la calor. Las familias se morían y venían otras pidiendo también la lluvia de Tláloc, y como no envejecían ni probaban muerte, estaban de buen humor y eran pacientes como la Tierra, madre o hija de ellos.

Gobernaban los Tlálocs menudos unos cuatro mayores, dueños de los puntos cardinales. El Tláloc del norte disponía de su reino y el del Sur de la porción opuesta, y otros dos poderosos eran dueños del punto máximo por donde rompe el sol y del otro por donde él se acaba. El indio miraba cerca o muy lejos, ojeando tierra o cielo; siempre un Tláloc le hacía señas desde donde fuese, y nunca estaban solos, ni los Tlálocs ni los indios.

La tierra guardada de los Tlálocs verdeaba siempre; la meseta olía a hierbas aromáticas; y en el bajío las vainillas y los jenjibres; o se volvía de pronto loca de fertilidad echando el bosque bravo donde los árboles se abrazan para que no entre nadie, ni el sol, y donde la sombra pone mucho misterio.

El Tláloc pasaba enfurruñado por la tierra greñuda de hierbas locas o por los maizales amarillos de abandono: el dueño de ella no tenía amor de su Tláloc; y atravesando tierras muy donosas, peinadas en surcos como cabeza de mujer, el Tláloc retozaba allí las horas, revolcándose en los pastos jugosos y haciendo y haciendo danza al indio diligente, hijo bueno del Tláloc.

Los Tlálocs apuraban al cielo si andaban en hacer nubes. Ellos sabían donde el suelo se "tomaba" de cal y de gredas, y les mandaba el aguacero que lo afloja dejándolo bueno de abrir y de sembrar.

Los Tlálocs eran sencillos y alegres y servían bien su oficio de Tlálocs, casi de aguadores. Se cruzaban con el indio cazador, subiendo o bajando el Ajusco, o llevaban la delantera al trotador o le seguían a lo ladino, sin pasarle nunca delante, y el indio les conocía y no les conocía a la vez.

Ver al Tláloc, no ocurría siempre; no se le iba a buscar en tal sitio a tal hora ni era cosa de contar con él como don Diego o Juan, a los que se llama y se cita. Mirar el cerro no significaba descubrirlo y tampoco estarse con la vista fija en el lago. El que iba descuidado, echaba la cabeza atrás y de pronto en un montón de nubes, veía la linda risa de Tláloc; se iba en una balsa, y de una arruga del agua, el Tláloc guasón levantaba el pecho y caía una lluvia de gotas a la mano. O andando despacito por el propio huerto, en unos matorrales no manoseados, el Tláloc le silbaba. Daba mucha alegría y traía buena suerte ver al Tláloc.

Las mujeres tejían algodón o henequén en el valle de México, mirando en lo alto un Tláloc muy tapado de nubes. Y a los niños que subían por leña del pino-ocote, el Tláloc entre el cortar y el coger, les echaba, a lo zumbón, una miradita verde por las ramas.

Los venados y los tigrillos corrían por el Tláloc, su padrecito;

los faisanes voladores cortaban el Tlalococotal a cuchillada roja subiendo y bajando; los castores y los armadillos vivían en los hoyos y en los túneles del Tláloc, que por fantasía tiene sus grutas donde deja vivir a las bestiecitas que no quieren nada con el Sol.

En el Anáhuac, los Tlálocs eran amigos de las serpientes que al comenzar a llover, salen a averiguar novedades, contentas de respirar aire sin polvo.

Los bien queridos estaban en los templos de Cholula o de Teotihuacán con sus ojos rodeados de tres rodelas serpentinas y con su aliento de espiral, saliendo de su boca grande; con su cara negra de nube de agua y su vestido pintado en agua verde-azul y en agua azul verdosa. Más vivos que allí estaban en la selva, donde todo se mueve por el día o la noche, y en los ríos que bajan sin freno. Los "Conócelo-Todo" hasta entraban en las casas de los mexicanos, con las vasijas de agua, a ver cómo son las casas del hombre, y el indio por cariño de ellos, los pintaba en la cántara, y al beber se bebía a su Tláloc de cristal, que se rompe y se queda entero.

Teniendo sus Tlálocs a cada cerro y a cada laguna y río, teniendo además a la mujer "de traje de jade" que espejeaba aquí y allá, contando también "Siete Serpientes", su hermana, y a otros muchos dioses bien mentados, fuesen vistas o no vistos, la Tierra de México estaba entonces llena de bultos y de camaradas mágicos. Ellos seguían a los sembradores del maíz del maguey y del algodón, cambiando con ellos los regalos, en un toma y daca, que no se acaba nunca: trocaban algunas veces con el camarada hombrecito unos enojos grandes y rápidos, pero siempre se querían de amor piadoso los indios mexitlis con los dioses mexitlis.

RECADO SOBRE QUETZALCÓATL

Quetzalcóatl llegó a Anáhuac viniendo del Sudeste, por donde corre el país del quetzal. Nadie supo bien dónde nació y se hizo mayor este dios del Viento que traía rumbo y no decía patria.

Era cosa de mucho asombro el Quetzalcóatl andador, de cuerpo "lanzado"; de piel más clara que la del indio; barbado en raza lampiña y de trato mágico. El Barbado vestía una túnica blanca que le llegaba hasta los pies, y su cuerpo echaba claridad por sus ojos brillantes y por el algodón extremo que lo cubría. Daba dicha oírle hablar, convencerse de su razón y seguirlo sin más, según siguen los pájaros el viento del mar.

Quetzalcóatl, viniendo de la tierra que lo hizo, se entró al Anáhuac atravesando pueblos y fue a establecerse en Cholula, donde dicen que se quedó muchos años. En Cholula juntó familias, les hizo ciudad y les levantó gran templo con lo que Cholula se volvería ciudad Santa, región con leyes de Quetzalcóatl y templo no visto de costados redondos en los que el viento de Quetzalcóatl no se rompía al pasar...

La gente tolteca ignoraba dónde comienza el año, cuándo se abren primaveras de sembrar y cuándo el otoño manda recoger la cosecha antes de granizos y hielos.

El Vestido de Blanco traía el calendario en sus ojos lectores del Zodíaco y que en su memoria, donde se lo pondría su raza, Quetzalcóatl reveló el año real a los aztecas dándoselo de trescientos sesenta y cinco días, partidos en dieciocho meses, cada uno de veintena. Calendario tan bueno fue el de Quetzalcóatl como el que los hombres blancos tenían al otro lado del mundo. Estampado en piedra y puesto en cuero o metal, este año de los toltecas fue lo mejor que ellos alcanzaron en ciencia, del cielo y de la tierra. Su círculo es la cara misma de Quetzalcóatl y pregona la gloria del hombre que sabía las leyes del suelo y de la atmósfera.

Quetzalcóatl también llevó al Anáhuac las labores de algodón. Lo tejían los mexicanos de varios modos para vestido de hombres y de mujer; pero el venido del Sudeste, traía centenares de habilidades: conocía mejores husos y telares y la maniobra de cruzar urdimbre y trama; puso mucha fantasía en los tintes de colorear y dio arte más completa de rematar los primores que llama reboso de mujer, sarapes y paliacates. Encandilados de aprender artesanía nueva, varones y mujeres hilaban con el Barbado semanas y meses.

Quetzalcóatl recorría por todas partes la tierra novedosa que le hacía feliz por lo ancha que es, por lo varia que nació y por lo niña que se la ve siempre. El diligente iba y venía con la indiada y abría con ella el suelo para sacar metales y piedras preciosas. El Barbado les hizo encontrar los jades. La linda cosa mineral verde tierna o verde extremosa, los indios no la conocían. Apenas descubierta, se pusieron a labrar con ella sus dioses y sacarle donosuras y niñerías. Quetzalcóatl traía en sus manos todos los oficios del metal: el fundir el oro y la plata, el procurar el bronce y el sacar de ellos las joyas que gustaban a los príncipes, la vajilla en que comerían los reyes y otros primores aún.

Sabía más aún el hombre que vino del Sudeste, y con la pluma del quetzal y la de faisán o colibrí, Quetzalcóatl confeccionaba el "bordado de pluma", que era una gloria ver sobre los muros y en la mesa de los señores y adornando a los danzantes de la fiesta.

Metido en el fuego, hostigando el mineral hasta vencerlo, él dominaba a los indios que le obedecían al gesto; se ponía a contar secretos del día y de la noche y era dueño del corazón de las mujeres, y haciendo jugarretas de obsidiana, recibía la algazara de los niños. Parecía un rey y era mejor que eso; parecía mago completo, pero también era mejor que ellos.

A la primera mañana o a la tarde, cuando salta el Lucero o se va, Quetzalcóatl rezaba a sus dioses. Rezaba y luego se ponía a contarlos: eran los dioses que hicieron al sol para orden de estaciones; eran los que soplaron el viento, ruta de lluvias y de semillas; eran los que tornearon al primer hombre; eran los que hacen crecer lo que crece o dejan las cosas en su mismo ser; y eran muchos más que van y vienen en el aire, en el sobrehaz de la Tierra y debajo de ella. Los dioses de Quetzalcóatl, no pedían logro, ni echaban a la guerra, ni olían la sangre, ni se refocilaban en juegos de muerte. Dictaban fiestas, pedían coros, hacían sembrar y se regalaban en alegrías.

La madre de Quetzalcóatl se los enseñaría en la tierra de donde él vino, que pudo ser la misma nuestra o una estrella del fondo del cielo, ya que era muy lejos de donde él vino...

Por saber tantas cosas de suelo, le llamarían la Serpiente —cóatl— que es quien más se la conoce, y por entender lo mismo en el aire, lo llamarían su quetzal.

Le gustaba ir dando y tomando noticias de pueblo en pueblo. En ninguno se quedó, excepto en Cholula y sería que le mandaron a ver y servir a los países y a dejarlos felices.

Después de mucho vivir con ellos, y cuando les enseñó lo que trajo, Quetzalcóatl no sintió apetencia de seguir adelante. Dicen algunos que otro dios lo arrojó de su propio reino o cuentan que sólo quiso volver al Tlapallán, "el país rojo", de donde le llamó su padre.

Así fue como deshizo su viejo camino y marchó de regreso al Sudeste. Refieren que iba llorando de haber querido mucho a la gente tolteca, y añaden que se perdió prometiendo volver algún día.

La promesa se la recogieron los toltecas y la pasaron a sus hijos aztecas, pero se olvidaron de sus facciones precisas, y cuando desembarcó Cortés, creyeron que su hombre barbado venía de vuelta. Y Hernán Cortés no era el varón de ellos, su Quetzalcóatl.

Después de la muerte de miles de mexitlis, de servir a otros dueños, de aprender el hierro con los venidos, de adquirir rebaños de toros y ovejas nunca vistos y de comer el pan de trigo, volvió Quetzalcóatl, que es el alma más íntima de los mexicanos, y vino a repartir la tierra que es del gran Tláloc. Regresó por ese menester y el de vestir a sus aztecas para trabajo y fiestas y el de construir las casas de ellos, que habían aumentado volviéndose innumerables.

Tanto subieron los mexicanos hacia el Norte y se deslizaron como el azogue hacia el Sudeste, que ahora comienzan con la boca del cuerno que se abre en Río Grande, y termina donde el cuerno acaba su arco, que es en la península de Yucatán, parecida a extremo de caracola.

REFERENCIAS MISTRALIANAS

Recados sobre los Tláloc: Publicado en *Repertorio Americano*, Tomo XXXII, San José, Costa Rica, 4 de julio de 1936

Recado sobre Quetzalcóatl: Se publica en *Repertorio Americano*, San José, Costa Rica, 11 de julio de 1936. Se recoge también, al igual que el Recado anterior, en *Croquis mexicano,* Editorial Nascimento, Santiago, 1979. (Selección y prólogo de Alfonso Calderón).

CRONOLOGÍA FUNDAMENTAL DE GABRIELA MISTRAL

1889 Gabriela Mistral (de nombre entonces Lucila Godoy Alcayaga) nace en Vicuña (7 de abril), pequeña ciudad precordillerana del valle de Elqui. Hija única de Juan Jerónimo Godoy (maestro de escuela) y de Petronila Alcayaga Rojas (modista y bordadora). El mismo día de su nacimiento es bautizada en la iglesia parroquial de Vicuña.

1892 Vive con su madre en Montegrande, aldea del valle de Elqui, donde su hermanastra, Emelina Molina (hija de un primer matrimonio de su madre) es maestra rural y enseña en la escuelita lugareña. El padre abandona definitivamente el hogar, pero antes de marcharse planta higueras y nogales en el huerto y hasta construye una bañera para su hija en el patio.

1895 Aprende perfectamente a leer. Su hermana Emelina (15 años mayor que Gabriela) le ha enseñado las primeras letras, la educa y es su generosa guía. Su hermana será después la mismísima imagen, humana y lírica, en los versos célebres de *La maestra rural*.

1899 Cumple diez años de edad. El día de la Virgen Inmaculada (8 de diciembre) realiza, vestida de traje blanco, su Primera Comunión.

1900 Ingresa, para terminar su último curso de preparatorias, a la Escuela Superior de Niñas de Vicuña. No será un año feliz para Gabriela. La directora la responsabiliza de la pérdida de material escolar y la acusa de ladrona. Sus compañeras le lanzan piedras a la salida de clases. Abandona la escuela.

1901 Vive en La Serena con su familia. Conoce por primera vez el mar de Coquimbo. Su abuela paterna, Isabel Villanueva, le lee los Salmos de la Biblia. Esas lecturas la motivarán religiosamente.

1904 Trabaja como maestra en una escuela de la aldea llamada Compañía Baja, en las afueras de La Serena. Enseña a leer a alumnos que tienen desde cinco a diez años y a muchachos analfabetos que la sobrepasan en edad. En la biblioteca del periodista serenense Bernardo Ossandón lee las obras pedagógicas del colombiano José María Vargas Vila (1860-1933) y las teorías astronómicas del francés Camilo Flammarion (1842-1929).

1906 Escribe sus primeros poemas y artículos en prosa. El periódico *La*

Voz de Elqui, de Vicuña, publica su artículo *La instrucción de la mujer*, en el cual se revelan ya sus preocupaciones por el tema de la mujer. Firma sus colaboraciones con distintos seudónimos: Alma, Alguien, Soledad.

1908   Es nombrada secretaria en el Liceo Femenino de La Serena. Lee con admiración la obra del modernista Rubén Darío, a quien llamará "el primer poeta de habla castellana". El 23 de julio aparece publicado en el periódico *El Coquimbo* su poesía *Del pasado*, que firma con el nombre de Gabriela Mistral.

1909   En Coquimbo se suicida su amigo Romelio Ureta Carvajal (empleado ferroviario a quien había conocido un par de años antes). El trágico suceso motiva en Gabriela Mistral la escritura de una serie de dolorosos poemas, entre ellos, *Los sonetos de la muerte*.

1910   Obtiene el título de Maestra Primaria, rindiendo examen en la Escuela Normal Nº 1 de Niñas, de Santiago. En septiembre es nombrada profesora de Higiene en el Liceo de Niñas de Traiguén.

1911   Es trasladada al Liceo de Niñas de Antofagasta. Ejerce su cargo de inspectora general y profesora de Castellano. En el hospital de Copiapó, y a consecuencia de una neumonía, muere su padre.

1912   Se le designa inspectora y profesora de Geografía y Castellano en el Liceo de Niñas de Los Andes. Se inicia uno de los períodos más tranquilos y gratos, dedicados plenamente a la enseñanza y a la escritura poética.

1914   Su nombre literario de Gabriela Mistral se consagra definitivamente al obtener el premio de los Juegos Florales de Santiago, la más alta distinción del certamen poético organizado por la Sociedad de Artistas y Escritores de Chile. Recibe flor natural, medalla de oro y corona de laurel por su trilogía de *Los sonetos de la muerte*. El jurado estuvo integrado por los poetas Manuel Magallanes Moure, Armando Donoso y Miguel Ángel Rocuant.

1918   Es nombrada directora del Liceo de Niñas de Punta Arenas. En la más austral ciudad del mundo, en pleno territorio de Magallanes, cumple funciones de educadora y de chilenidad.

1920   Abandona la ciudad de Punta Arenas pues ha sido designada Directora del Liceo de Niñas de Temuco, provincia de Cautín y zona de frontera y colonización. Dicta clases, además, como profesora de Castellano. Conoce a Pablo Neruda (entonces Neftalí Reyes Basoalto), alumno en el liceo local. Gabriela Mistral le presta libros y le da a conocer a los novelistas rusos (Tolstoi, Gorki,

Dostoievski, Andreieff). Recorre reducciones indígenas, conociendo muy de cerca la presencia de población mapuche.

1921 Se funda en Santiago el Liceo Nº 6 de Niñas. Gabriela Mistral es designada su primera directora. Deja la ciudad de Temuco y se traslada a la capital de Chile. Su lema pedagógico es "enseñar siempre, en el patio y en la calle como en la sala de clases".

1922 Por iniciativa del gobierno de México, y a través de su ministro de Educación Pública, el filósofo y educador José Vasconcelos, es invitada oficialmente a aquel país. En tierra mexicana Gabriela Mistral colabora en los planes de enseñanza, en las misiones rurales e indígenas y en los programas de reforma educacional.

Este mismo año, y a través del Instituto de las Españas en los Estados Unidos, se publica en Nueva York su primer libro: *Desolación*. La autora dedica su obra "Al señor don Pedro Aguirre Cerda y a la señora doña Juana A. de Aguirre, a quienes debo la hora de paz que vivo". El libro, de verso y prosa, es presentado por el hispanista Federico de Onís.

1923 Con prólogo del escritor Pedro Prado la Editorial Nascimento publica en Santiago de Chile la segunda edición de *Desolación*. En Ciudad de México se inaugura su estatua en la Escuela que lleva su nombre. Por encargo de la Secretaría de Educación Pública de México trabaja en la preparación de la antología *Lectura para mujeres*, destinada a la enseñanza del lenguaje. En Chile, el Consejo de Instrucción Primaria, a propuesta del rector de la Universidad de Chile, Gregorio Amunátegui, le otorga el título de Profesora de Castellano.

1924 Viaja a los Estados Unidos después de una permanencia de dos años en México. Ofrece conferencias en la Unión Panamericana (Washington) y en la Universidad de Columbia (Nueva York). Realiza su primer viaje a Europa: visita Italia, Francia, Suiza, España. En Madrid se publica su libro *Ternura*.

1925 Regresa a Chile permaneciendo una temporada en la ciudad de La Serena donde vive su madre. La Municipalidad de Vicuña la declara hija ilustre y predilecta de la ciudad. Por su larga trayectoria como maestra y por su producción literaria de importancia para la cultura chilena, el gobierno chileno le concede una pensión de jubilación.

1926 El Ministerio de Relaciones Exteriores la designa representante de Chile en el Instituto Internacional de Cooperación Intelectual (organismo de la Sociedad de las Naciones), con sede en París.

1929   En la ciudad de La Serena, y a los 84 años de edad, muere su madre, doña Petronila Alcayaga Rojas. Su madre era su razón de vivir y una presencia que la sostenía. Dirá Gabriela Mistral: "ella era una especie de subsuelo mío, de donde me venía fuerza y no sé qué nobleza, esa nobleza de tener madre".

1930   Invitada por la Universidad de Columbia (Nueva York) visita por segunda vez los Estados Unidos. Encuentro con Federico de Onís, que mucho tuvo que ver con la publicación de *Desolación*, su primer libro.

1931   Asiste al acto de graduación de los estudiantes de la Universidad de Puerto Rico. Dicta a los universitarios su conferencia *El sentido de la profesión*. Viaja, luego, por las Antillas, el Caribe y los países centroamericanos, recibiendo honores y homenajes.

1932   Con la firma del Presidente de la República de Chile, Juan Esteban Montero, se le nombra cónsul de Chile en Nápoles (Italia). Es la primera mujer chilena designada para un cargo consular. Sin embargo, no puede asumir sus funciones por causa del régimen fascista que impera en Italia.

1933   Acepta el ofrecimiento del gobierno de Chile para ocupar el cargo de cónsul en Madrid. Reemplaza al poeta Víctor Domingo Silva.

1935   El Senado de la República de Chile despacha la ley especial, solicitada por el Presidente Arturo Alessandri Palma, que crea el cargo consular inamovible y vitalicio para Gabriela Mistral. Acusada (por un grupo de inmigrantes españoles residentes en Santiago) de abrigar sentimientos antiespañoles, deja su cargo de cónsul en Madrid. Se le designa para asumir funciones consulares en Lisboa.

1938   La Editorial Sur publica en Buenos Aires su libro *Tala*. Gabriela Mistral lo publica en solidaridad con los niños españoles que han tenido que salir de su patria a consecuencia de la guerra civil española. Este mismo año, y como la mujer más aclamada del continente, regresa a Chile, después de trece años de ausencia.

1940   Es destinada a Brasil para hacerse cargo del consulado de Niteroi. Luego, por razones de salud, se traslada a la ciudad de Petrópolis, distante 75 kilómetros de Río de Janeiro.

1943   Recibe uno de los golpes más trágicos y dolorosos en su vida: se suicida su sobrino Juan Miguel Godoy Mendoza (hijo de su hermanastro) y a quien llamaba cariñosamente Yin Yin. Su sobrino, que la acompañaba en Petrópolis, muere de una dosis de arsénico a los 17 años.

1945 La Academia Sueca le otorga, en Estocolmo, el Premio Nobel de Literatura. Es el día 25 de noviembre y es la primera vez que tal galardón distingue a un escritor de América Latina. La Academia Sueca fundamentó que el Premio Nobel de Literatura se le otorgaba a Gabriela Mistral: "Por su poesía lírica inspirada en poderosas emociones y que ha hecho de su nombre un símbolo de las aspiraciones idealistas de todo el mundo latinoamericano". De manos de Su Majestad Real, el Rey Gustavo V, de Suecia, recibe el 10 de diciembre, en el Palacio de los Conciertos de Estocolmo, el universal galardón.

1946 Es nombrada, por el gobierno de Chile, cónsul en Los Ángeles (California). Recibe homenajes en organismos panamericanos y universidades de los Estados Unidos. El Presidente Harry Truman la recibe, en la Casa Blanca, en audiencia especial.

1947 En la ciudad de La Serena (Chile), muere su hermana Emelina: la maestra rural que le enseñó a leer en el valle de Elqui.

1948 Permanencia por segunda vez en México. Cumple tareas como cónsul de Chile en Veracruz. Ofrece conferencias, se reúne con maestros e intelectuales mexicanos (el escritor Alfonso Reyes, entre ellos), inaugura bibliotecas populares.

1950 La Universidad Católica de Washington le otorga el Premio Anual de la Academia Norteamericana de la Historia Franciscana. En el mes de diciembre se embarca en Nueva York con destino a Génova. Asume el cargo de cónsul de Chile en Nápoles (Italia).

1951 Reside en Rapallo, Italia. En Chile se le otorga el Premio Nacional de Literatura, "por la trayectoria y prestigio de una obra y por toda una vida dedicada a la creación literaria". El premio (dotado de 100 mil pesos chilenos) lo destina a crear un fondo de ayuda a los niños desvalidos del valle de Elqui.

1953 En su ya larga carrera consular es designada cónsul de Chile en Nueva York. Deja Italia con destino a los Estados Unidos. El gobierno de Cuba la invita a participar en los actos de homenaje al centenario del nacimiento de José Martí ("gratitud hacia el escritor que es el maestro americano más ostensible de mi obra", dice Gabriela Mistral).

1954 Viaja a Chile invitada por el gobierno del Presidente Carlos Ibáñez del Campo. Después de dieciséis años de ausencia regresa al país natal. En Santiago recibe una bienvenida apoteósica y honores oficiales. La Universidad de Chile la condecora con el título de Doctor

Honoris Causa, la máxima distinción académica. Cincuenta mil escolares chilenos le rinden homenaje en el Estadio Nacional de Santiago. La Editorial del Pacífico publica *Lagar*, su cuarto libro de poemas. Es la primera vez que una de sus obras se edita originalmente en Chile.

1955   Permanece en su residencia de Roslyn Harbor, Long Island (Nueva York). Su salud se debilita. Corrige las versiones de un largo proyecto literario que llama *Poema de Chile*. El 10 de diciembre es invitada oficialmente a las Naciones Unidas, en Nueva York. En dicha ocasión hace público su mensaje sobre la Paz y los Derechos Humanos Básicos: "Yo sería feliz si vuestro noble esfuerzo por obtener los Derechos Humanos fuera adoptado con toda lealtad por todas las naciones del mundo. Este triunfo será el mayor entre los alcanzados en nuestra época".

1957   Su estado de salud empeora rápidamente. La madrugada del 10 de enero, y víctima de un cáncer al páncreas, fallece en el Hempstead General Hospital (Nueva York). Tenía 67 años de edad. *Triunfo*, fue su última palabra. El gobierno chileno declara duelo oficial por tres días y sus restos mortales son trasladados vía aérea a Chile. En sus funerales en el Cementerio General de Santiago recibe homenajes póstumos. Tres años después de su muerte —marzo de 1960— los restos de Gabriela Mistral son trasladados a su amado pueblo de Montegrande, en el valle de Elqui, cumpliéndose así su voluntad testamentaria de volver para siempre a su tierra natal.

ÍNDICE DE POESÍA Y PROSA

III TALA

IV LAGAR

Este libro se terminó de imprimir y en-
cuadernar en el mes de junio de 1997, en
los talleres de Impresos Universitaria,
San Francisco 454, Santiago de Chile.
Se tiraron 2.000 ejemplares.